AF219145

1972

DR. GUSTAV KELLER

1 9 7 2

Ein seelisch bewegendes Jahr

Bibliografische Information der Deutschen Nationalbibliothek:
Die Deutsche Nationalbibliothek verzeichnet diese Publikation
in der Deutschen Nationalbibliografie; detaillierte bibliografische
Daten sind im Internet über http://dnb.dnb.de abrufbar.

© 2021 Dr. Gustav Keller
Satz, Umschlaggestaltung, Herstellung und Verlag:
BoD – Books on Demand, Norderstedt

ISBN: 978-3-7543-5472-8

Inhalt

Einleitung

Kein Jahr ist des nächsten Bruder.
Ein lettisches Sprichwort

Auch im Jahr 1972 umrundete die Erde die Sonne. Hierzu brauchte sie 366 Tage, da es sich wie alle vier Jahre um ein Schaltjahr handelte. Das Jahr war keine gewöhnliche kalendarische Zeitstrecke, sondern von ganz spezieller „Individualität".

Wenn einer im Rückblick auf dieses Jahr sagt: „Nicht Neues unter der Sonne", liegt er extrem daneben. Ein Grund könnte sein, dass er das Jahr in medialer Isolation verbrachte. Möglich ist auch, dass sein Erinnerungsvermögen zu wünschen übriglässt. Und schließlich wäre eine andere Ursache, dass er um einiges später das Licht der Welt erblickte.

Egal, ob Politik, Wirtschaft, Wissenschaft, Technik, Kultur und Sport, 1972 geschah viel Neues unter der Sonne. Man denke nur an das leidenschaftliche Ringen um eine neue Ostpolitik, an die unglückseligen Terrorakte des deutschen und internationalen Terrorismus, an Innovationen in Technik, Mode und Kunst, an die sexuelle Revolution sowie an sportliche Erfolge und Sensationen.

Für mich als im Jahre 1950 Geborener war die Reise zurück ins Jahr 1972 hochinteressant. Die Beschäftigung mit dem Geschehen erzeugte einen intensiven Fluss voller Assoziationen, Emotionen und Erinnerungen. Vor dem inneren Auge lief ein spannender Film ab, in dem immer wieder Schlüsselereignisse auftauchten.

Die Zeit vom 1. Januar 1972 und zum 31. Dezember 1972 war ein dichter Ereignisraum, dessen Nachwirkungen auch nach fast einem halben Jahrhundert deutlich sichtbar und spürbar sind. Im Langzeitgedächtnis ist er als eine ganz besondere seelisch-historische Erinnerungslandschaft verankert. Die recherchierten und nacherlebten Gedächtnisinhalte habe ich in Form eines monatlich strukturierten Jahrbuches zu Papier gebracht. Möge es während der Lektüre in Ihrer Seele viele persönliche und gemeinsam geteilte Erinnerungen hervorrufen!

Januar

Wenn der Januar mit einem Samstag beginnt, wird das Gemüt in diesem Jahr beständig sein.
  Volksweisheit

Am Neujahrstag herrscht trockene Kälte. Der Himmel ist zum größeren Teil mit Wolken bedeckt. Die durchschnittliche Lufttemperatur liegt im gesamten Januar bei -2,3° C. Die Schneemenge lässt zu wünschen übrig.

*

Kurz vor Silvester 1971 führt das Allensbacher Institut für Demoskopie eine Repräsentativbefragung durch. Unter anderem will es von den Westdeutschen wissen, ob sie dem Jahr 1972 mit Hoffnungen oder Befürchtungen entgegensehen. Aus dem Ergebnisbild ist zu entnehmen, dass nur eine Minderheit von 44 Prozent hoffnungsfroh gestimmt ist. So wenig Optimismus hat man seit 10 Jahren nicht mehr registriert.

*

Das neue Jahr beginnt mit einer sich rasch verbreitenden Meldung. In Paris stirbt der Schauspieler, Chansonnier und Unterhalter Maurice Chevalier an Herzversagen. Der Weltstar mit dem ansteckenden Lächeln lebt nicht mehr. Viele Chevalier-Fans wollen die Todesnachricht nicht glauben und hoffen, dass es sich um eine Falschmeldung handelt. Staatspräsident Georges Pompidou würdigt den Mann, der häufig mit der „Kreissäge" auf dem Kopf auftrat, mit folgendem Satz: *Das französische Volk erkannte sich in ihm wieder und die Ausländer fanden in seiner Figur ein Abbild Frankreichs.* Am 5. Januar wird er in Marnes-de Coquette von einer kleinen Trauergemeinde in aller Stille zu Grabe getragen.

*

Zu Beginn des ostpolitisch brisanten Jahres kursiert ein demoskopisches Ergebnis durch die Medien, das Erstaunen hervorruft. Es stammt aus einer von der DDR durchgeführten Meinungsumfrage. Aus dieser geht hervor, dass aus Sicht der Ostdeutschen der beliebteste Politiker gar nicht ein DDR-Bürger ist, sondern der westdeutsche Bundeskanzler Willy Brandt. Sein Beliebtheitswert rangiert weit vor den SED-Granden Walter Ulbricht und Erich Honecker. Eigentlich wollte man den demoskopischen Befund unter Verschluss halten, aber irgendjemand im Machtapparat verletzte die Diskretionspflicht.

*

Am Tag nach Dreikönig, in Spanien der bedeutendste Weihnachtsfeiertag, startet in Madrid eine Caravelle der Iberia mit Ziel Ibiza. Unter den Passagieren sind viele Spanier, die nach dem Weihnachtsurlaub zu ihren Arbeitsstätten auf der Baleareninsel zurückkehren möchten. Als sich das Flugzeug Ibiza nähert, herrscht dort sehr schlechtes Wetter. Die Piloten entscheiden sich zu einem Sichtanflug. Dabei überschätzen sie die Flughöhe und rasen gegen den Berg Sa Talaia. Alle Passagiere und die sechs Besatzungsmitglieder müssen sterben. Kurz vor dem Crash hat der Chefpilot dem Tower noch witzelnd gefunkt: *Get me a beer ready, we are here.*

*

Der deutsch-amerikanische Raketenspezialist Wernher von Braun kann eine glänzende Karriere vorweisen. Im Dritten Reich wurde er 1937 als 25jähriger Physiker Direktor des Raketenwaffenamtes in Peenemünde und entwickelte dort die erste automatisch gesteuerte Flüssigkeitsgroßrakete. Nach dem Zweiten Weltkrieg wechselte er mit seinen Mitarbeitern in die USA, wo er sein raketentechnisches Knowhow den Amerikanern zur Verfügung stellte. Für das spätere Weltraumprogramm der USA leistete er entscheidende Beiträge. Er entwarf Satelliten und war am Apollo-Mondflugprogramm intensiv beteiligt. Voller Euphorie blickt er in die Zukunft der Raumfahrt. In einem Fernsehinterview, das die Süddeutsche Zeitung Anfang Januar veröffentlicht, prophezeit er die Besiedlung des Mondes. Er geht jetzt davon aus, dass auf dem Erdtrabanten vor dem Jahr 2000 ein Mondbürger geboren wird: *Wenn Männer dort eine Anzahl von Monaten gearbeitet haben, werden sie Heimweh bekommen und um die Erlaubnis ersuchen, ihre Frauen mit hinaufzunehmen. Und eines schönen Tages wird ein Kind auf dem Mond geboren werden.*

*

Fortschrittsglaube beherrscht auch die Energiepolitik der großen Parteien. Die stärkere Nutzung der Kernkraft für die Stromproduktion ist für sie ein wichtiges energiepolitisches Ziel. Am 8. Januar feiert die niedersächsische Landesregierung den Betriebsbeginn des Atomkraftwerks Stade an der Unterelbe. Es ist das erste deutsche Großkraftwerk, das kommerziell betrieben wird. Seine Leistung beträgt 650 Megawatt. Momentan existieren in der Bundesrepublik Deutschland zehn Atomkraftwerke. 20 weitere sollen hinzukommen, um die Abhängigkeit vom Erdölimport zu reduzieren. Immer mehr Deutsche teilen den atompolitischen Optimismus nicht. Es bilden sich als Antwort darauf Anti-Atom-Bürgerinitiativen. Die Atomkritiker fühlen sich von der Strahlenbelastung gesundheitlich bedroht. Die Entsorgung des radioaktiven Mülls sehen sie als nicht lösbares Problem. Und ihre größte Sorge ist ein katastrophaler und todbringender Reaktorunfall.

*

Der 19jährige DDR-Bürger und Ost-Berliner Manfred Höer ist verliebt in die gleichaltrige West-Berlinerin Inga. Er hatte sie während eines Ost-Besuches kennengelernt. Er möchte unbedingt zu ihr, was letztlich nur durch eine Flucht möglich ist. Da er in einem direkt an der Grenze gelegenen Betriebsgebäude tätig ist, beschließt er die Mauer zu untertunneln. Für dieses Projekt gewinnt er seinen Bruder Peter und seinen Freund Peter Schöpf als „Mitarbeiter". Nachdem die Grenzpolizisten Mitte Dezember im Keller des Gebäudes ihre jährliche Inspektion durchgeführt hatten, beginnen die drei mit der mühseligen Grabungsarbeit. Am 9. Januar ist es so weit. Sie sind auf Westberliner

Gebiet angelangt. Manfred Höer beschreibt später diesen Glücksmoment: *Völlig verdreckt, aber glücklich kamen wir im Westen an. Wir heulten wie Schlosshunde. Doch das Allerschönste war, als ich meine Inga küssen durfte.*

*

Der Bundestag verabschiedet am 10. Januar das Betäubungsmittelgesetz, ehemals Opiumgesetz. Die Notwendigkeit wird mit Veränderungen im Drogenkonsum begründet. Das neue Gesetz benennt die Stoffe, die unter die neue Regelung fallen: Opium, Kokain, Morphin, Cannabisharz und ähnliche. Die Aufsicht über die Durchführung der Gesetzesbestimmungen übt das Bundesgesundheitsamt aus. Bei Verstößen gegen das Gesetz sind Freiheitsstrafen bis zu 10 Jahren vorgesehen.

*

Kunstdiebe haben das Altarbild „Maria im Rosenhag" im Martinsmünster in Colmar im Visier. Es ist das Meisterwerk von Martin Schongauer. Auf dem Gemälde ist Maria in einem roten Gewand zu sehen mit dem Jesuskind im Arm. Im Hintergrund befindet sich ein Rosengarten mit Vögeln. Am 11. Januar gelingt es den unbekannten Kriminellen das Kunstwerk zu entwenden. Eineinhalb Jahre später wird es in der Nähe von Lyon in einer Garage per Zufall wiederentdeckt. Seither ist sein Standort die Colmarer Dominikanerkirche.

*

Reverend James Cleveland lädt die Soul-Sängerin Aretha Franklin, seine frühere Gesangs- und Klavierschülerin, zu einem Gospel-Konzert nach Los Angeles ein. In der Temple Missionary Baptist Church tritt sie gemeinsam mit dem Southern California Community Choir am 13. und 14 Januar auf. Aus den Live-Aufnahmen dieser beiden Konzertabenden entsteht das weltberühmte Gospel-Album „Amazing Grace". Ein absolutes Highlight ist die elfminütige Interpretation des gleichnamigen geistigen Lieds. Die Queen of the Queens fühlt sich ganz in ihrem Element. Ihre einzigartige Stimme kommt in den Gospel-Songs wunderbar zum Ausdruck.

*

Im SPIEGEL kritisiert der Schriftsteller Heinrich Böll die Fahndungen nach den Mitgliedern der Baader-Meinhof-Gruppe. Er wirft der BILD-Zeitung Volksverhetzung vor und diagnostiziert eine kollektive Hysterie. Er fragt nach dem Realitätssinn der Fahndungen. Bei der Baader-Meinhof-Gruppe handle es sich nur um eine sehr kleine „Organisation" von sechs Menschen. Die Terroristen hält er für „verzweifelte Theoretiker". Hauptschuldig ist für ihn ihr Plädoyer für die Anwendung von Gewalt. Er fordert für Ulrike Meinhof freies Geleit und einen fairen Prozess. Er wünscht sich, dass die Gruppe ihre Aktivitäten beendet. Daraufhin macht sich bundesweit eine Entrüstung breit. Böll wird zum Bader-Meinhof-Sympathisanten erklärt.

*

Seit 1965 tobt der blutige Krieg zwischen den USA und Nordvietnam, das von China und der Sowjetunion unterstützt wird. Zahlreiche Soldaten und Zivilisten haben bisher ihr Leben gelassen. Der Supermacht USA gelingt es nicht, die Nordvietnamesen in die Steinzeit zurückzubomben. In immer stärkeren Maßen spaltet der Krieg die amerikanische Nation. Die Rufe nach einem Frieden werden immer lauter. In dieser deprimierenden Situation überrascht der amerikanische Präsident Nixon am 25. Januar die Weltöffentlichkeit mit einem 8-Punkte-Plan zur Beendigung des Vietnamkrieges. Gleichzeitig gibt er bekannt, dass sein Sicherheitsberater Henry A. Kissinger seit dem August 1969 in Paris mit einer nordvietnamesischen Delegation geheime Friedensverhandlungen geführt hat. Ein wesentlicher Lösungsvorschlag der US-Amerikaner sieht einen Abzug aller US-Truppen vor. Ihre Bedingung ist, dass freie Wahlen durchgeführt werden. Darauf haben die Nordvietnamesen seit dem Herbst 1971 nicht reagiert. Nach diesem öffentlichen Outing weist die nordvietnamesische Regierung den Friedensplan zurück und tut ihn als Wahlkampftheater Nixons ab, der im kommenden Herbst als US-Präsident wiedergewählt werden möchte. Im Westen hat der Plan viel Hoffnung erzeugt. Jetzt herrscht wieder Frustration. Nordvietnam ist grundsätzlich friedensbereit, allerdings unter anderen Friedensbedingungen. Man fordert einen genau terminierten Truppenabzug sowie eine neue Regierung in Südvietnam, an der auch die kommunistische Nationale Befreiungsfront beteiligt wird.

*

Es wird bekannt, dass die Nazijäger Beate und Serge Klarsfeld den Nazikriegsverbrecher Klaus Barbie, alias Klaus Altmann, in Bolivien aufgespürt haben. Der ehemalige Gestapo-Chef von Lyon, auch „Schlächter von Lyon" genannt, wurde in Frankreich wegen seiner grausamen Taten zweimal in Abwesenheit zum Tode verurteilt. Gedeckt von britischen und amerikanischen Geheimdiensten, für die er nach dem Kriegsende als Agent tätig war, konnte er sich über die „Rattenlinie" nach Südamerika absetzen. In Bolivien, wo er eine neue Staatsbürgerschaft erwarb, hielt das Militärregime seine schützende Hand über ihn. Jetzt verschwindet er nach Peru, da Rächer nach seinem Leben trachten. Nicht sehr lange weilt er dort und kehrt nach Bolivien zurück. Am 29. Januar wird er an der bolivianisch-peruanischen Grenze „scheinverhaftet". Seine faschistischen Gesinnungsgenossen sorgen dafür, dass er in Bolivien weiterhin unbehelligt leben kann. Erst elf Jahre später wird Barbie nach Frankreich ausgeliefert, wo die Todesstrafe nicht vollstreckt wird, da sie inzwischen abgeschafft wurde. Er wird zu einer lebenslänglichen Haft verurteilt, während der er einige Jahre später stirbt.

*

Als der Vietnamkrieg noch voll im Gange ist, sind in Japan weit mehr als 25 Jahre vergangen, seit die Kaiserlich Japanische Armee im Pazifikkrieg kapituliert hat. Ihre Soldaten hatten einst dem Kaiser versprochen, ihm ewig treu zu sein, bis zum Tod zu kämpfen und sich nicht gefangen nehmen zu lassen. Letzteres beherzigten nicht wenige Soldaten. Der letzte dieser Treuen wird am 25. Januar auf der Pazifik-Insel Guam gefangen. Es handelt sich um den Unteroffizier Shoichi Yokai. Bis zu diesen Tag lebte er als ein karges Leben führender Einsiedler in der Wildnis. Er hatte die kaiserliche Erwartung tief in seiner Seele verankert.

*

Nicht zufrieden mit ihren Soldaten ist die Führungsspitze der westdeutschen Bundeswehr. Man vermisst Disziplin und Ordnung. Anscheinend nimmt die Zahl der Soldaten zu, die sich unerlaubt von der Truppe entfernen. Äußerst unangenehm sind Verhaltensauffälligkeiten am Wochenende und an Entlassungstagen. Schlägereien und Sachbeschädigungen auf Bahnhöfen und in Zügen alarmieren immer häufiger die Bahnpolizei und die Feldjäger. In Kommandeurbriefen werden die Vorgesetzten aufgefordert, dem Disziplinzerfall durch intensivere Belehrung und härtere Sanktionen entgegenzuwirken. Bestätigt werden die Eindrücke der Kommandeure durch den Bericht des Wehrbeauftragten Fritz-Rudolf Schultz. Resigniert stellt er fest: *Der Widerwille, 18 Monate des Lebens unter Verzicht auf beruflichen Aufstieg und materiellen Erfolg, im Dienst für die Gemeinschaft beim ‚Bund' zuzubringen, ist in der gegenwärtigen Wehrpflichtigen-Generation stärker ausgeprägt als jemals zuvor.*

*

An 26. Januar, einem kalten Wintertag, fliegt eine DC 9 der jugoslawischen Fluggesellschaft JAT von Stockholm nach Belgrad. An Bord befinden sich 23 Passagiere und fünf Besatzungsmitglieder. Die DC 9 kommt am Zielflughafen nicht an, sondern stürzt laut Ermittlungen der tschechoslowakischen Behörden nach einer Explosion in 10000 Metern Höhe in der Nähe des nordböhmischen Dorfes Srbská Kamenice ab. Nur eine Person überlebt den Absturz schwerverletzt. Es ist die Stewardess Vesna Vulovic. Als sie nach 27 Tagen aus dem Koma aufwacht, ist ihr das Unglück nicht mehr erinnerlich. Im Untersuchungsbericht kommt man zum Schluss, dass eine Bombe kroatischer Nationalisten den Absturz verursachte. Da bisher niemand einen Sturz aus 10000 Metern Höhe überlebt hat, wird die Stewardess ins Guinness Buch der Rekorde aufgenommen. An der Sensationsgeschichte kommen bald Zweifel auf. Luftfahrt-Experten vermuten einen versehentlichen Abschuss durch die tschechoslowakische Luftwaffe. Diese hat nämlich am Unglückstag den Auftrag, den Luftraum wegen einer in Prag stattfinden Konferenz der Führer des Warschauer Pakts streng abzusichern. Möglicherweise begab sich die angeschossene Maschine in einen Sinkflug und stürzte dann aus niedriger Höhe ab. Die tschechoslowakische Regierung weist die Abschuss-Theorie hartnäckig zurück und erhält ihre Annahme eines Bomben-Attentats aufrecht.

*

Am 26. Januar gelangt der Schneemord-Prozess in den Fokus der Medien. In Bonn stehen wegen einer grausamen Tat drei jugoslawische Gastarbeiter vor Gericht. Zwei der Angeklagten werden zu einer lebenslangen Freiheitsstrafe verurteilt, einer zu einer mehrjährigen. Am 2. Januar 1971 überfielen sie in Köln den 18jährigen Ulrich Nacken und brachten sein Auto in ihre Gewalt. Danach fuhren sie mit ihrem Opfer los. Nachdem einer der drei

Täter ausgestiegen war, setzten sie die Fahrt fort. Beim Ort Much im Rhein-Sieg-Kreis hielten sie an. Sie fesselten ihr Opfer, das nur mit Unterhose und Socken bekleidet war, an einem Baum. Nach einiger Zeit konnte sich Ulrich Nacken der Fesseln entledigen und zu einer nahen gelegenen Straße gelangen. Er machte vorbeifahrende Autos auf seine hilflose Lage aufmerksam, doch keines hielt an. Am Straßenrand erlitt das Opfer den Erfrierungstod. Die Polizei konnte einen der Autofahrer, der die Hilfeleistung unterlassen hatte, ausfindig machen. Dieser kam mit einer Geldstrafe davon.

*

Die Bundesregierung und die Länder der Bundesrepublik Deutschland beschließen am 28. Januar 1972 „Grundsätze über die Mitgliedschaft von Beamten in extremen Organisationen". Mit Hilfe dieses Erlasses soll Verfassungsgegnern der Eintritt in den öffentlichen Dienst versperrt werden. Jeder Bewerber muss die Gewähr dafür bieten, jederzeit für die freiheitlich-demokratische Grundordnung einzutreten. Wenn er aufgrund seiner Gesinnung und Aktivitäten Zweifel erzeugt, soll eine Ablehnung die Folge sein. Obwohl der Radikalenerlass auch auf Rechtsextreme anzuwenden ist, wird er in der kritischen Öffentlichkeit eher als Anti-Links-Erlass verstanden. Denn schließlich hatten die Außerparlamentarische Opposition und ihre Galionsfigur Rudi Dutschke offen den Marsch durch die Institutionen des Staates propagiert. Der Radikalenerlass wird je nach politischer Grundorientierung im Bund und in den Ländern unterschiedlich konsequent angewandt. Für Sozialliberale reicht die bloße Mitgliedschaft in einer verfassungsfeindlichen Organisation für eine Ablehnung nicht aus.

*

„Mehr Demokratie wagen" ist ein Grundmotto der sozialliberalen Koalition. Dieses soll auch für die Arbeitswelt gelten. Deshalb wird das Betriebsverfassungsgesetz novelliert. Die soziale und und personelle Mitbestimmung der Betriebsräte wird ausgeweitet und die Individualrechte der Arbeitnehmer werden gestärkt. Grundsätze sind weiterhin die vertrauensvolle Zusammenarbeit von Betriebsrat und Arbeitgeber, die formale Trennung zwischen Gewerkschaften und Betriebsrat sowie das Streikverbot.

*

Obwohl sich die Sowjetunion dem Kreis der friedliebenden Völker zugehörig fühlt, verhält sie sich gegenüber ihren Bürgern alles andere als friedlich. Deutlich erkennbar ist dies an ihrem Umgang mit Dissidenten. Im Visier des Unrechtssystems befindet sich seit einiger Zeit Wladimir Bukowski. Ihm hat man das Diagnose-Etikett „Psychose" angeheftet. Und schon zweimal wurde er in einer Psychiatrischen Klinik per Zwang untergebracht. Auch in einem Lager für Kriminelle verbüßte er eine längere Haftzeit. Nach seiner Entlassung informierte er die Korrespondenten ausländischer Medien ausführlich über die unmenschliche Behandlung politischer Gefangener und über den Missbrauch der Psychiatrie. Jetzt wird ihm erneut der Prozess gemacht. Man wirft ihm vor, den Staat gezielt zu verleumden. Das Gericht verurteilt ihn zu sieben Lagerhaft.

Unerschrocken verkündet er: „Ich werde weiter um Recht und Gerechtigkeit kämpfen."

*

Der Bürgerkrieg in Nordirland eskaliert. Der Konflikt zwischen Protestanten und Katholiken wird immer gewalttätiger. Am 30. Januar schießen britische Fallschirmjäger in der Stadt Derry auf die Teilnehmer einer verbotenen Demonstration katholischer Bürgerrechtler, die gegen die Inhaftierung mutmaßlicher IRA-Sympathisanten protestieren. An diesem Sonntag, auch Bloody Sunday genannt, kommen 13 Menschen zu Tode. Die Armee begründet dies damit, dass Heckenschützen zuvor auf die Soldaten geschossen hätten. Den Beweis bleibt sie allerdings schuldig. Der Rechtsmediziner Hubert O'Neill stellt fest: *Es fällt auf, dass die britischen Soldaten nur Amok gelaufen sind. Und, ohne wirklich nachzudenken, wild um sich geschossen haben. Sie haben unschuldige Menschen getötet. Dass diese Menschen an einer nicht gestatteten Demonstration teilgenommen haben, rechtfertigt bei weitem nicht das Verhalten der Soldaten. Aus diesem Grund bezeichne ich das Verhalten der Soldaten als nichts anderes als Mord.* Die Gewalt der Fallschirmjäger erzeugt Rache. Ein paar Tage später wird in Dublin die Britische Botschaft von aufgebrachten Demonstranten gestürmt und zerstört.

*

Auch in Spanien rumort es seit einiger Zeit. Streiks, Terroraktionen der baskischen Autonomiebewegung ETA und Studentenunruhen setzen den Diktator Franco unter

Druck. In der zweiten Januarhälfte kommt es in Madrid zu massiven Demonstrationen der akademischen Jugend. Aktueller Anlass ist die Exmatrikulation von 4000 Medizinstudenten, die seit dem Beginn des Wintersemesters 1971/72 wegen einer neuen Prüfungsordnung die Vorlesungen boykottieren.

*

Zur Erinnerung an Jules Vernes Roman „Reise um die Erde in achtzig Tagen", der 1872 erschien, findet unter Leitung des Schauspielers Claude Dauphin eine spektakuläre Kreuzfahrt statt. Starthafen ist Le Havre. Von dort aus begibt sich das Luxusschiff France, das größte Schiff der Welt, auf die 88 Tage dauernde Jubiläumsreise. Ein besonders illustres Mitglied der superreichen Reisegesellschaft ist der göttliche Künstler und Surrealist Salvador Dali, der von seiner Gattin Gala und zwei Leoparden begleitet wird. Die Tageszeitung Le Figaro spricht von der „außergewöhnlichsten Fahrt, die jemals organisiert worden ist".

*

Die zweitälteste deutsche Kindersendung wird zum ersten Mal unter dem Titel „Sendung mit der Maus" ausgestrahlt. Sie ist knapp ein Jahr alt und hieß bisher „Lach- und Sachgeschichten". Konzipiert wurde sie von Dieter Salecki, Gert Müntefering und Armin Maiwald. Eingeleitet wird sie mit einem Trickfilm. Danach wird aus der Kinderperspektive eine Frage gestellt und kindgerecht beantwortet. Beispielsweise wird anschaulich erklärt, wie der elektrische Strom in die Steckdose gelangt. Im weiteren Verlauf der Magazinsendung gibt es Kurzbeiträge, die dem Unterhaltungs- und Phantasiebedürfnis der Kinder entwicklungsgemäß entsprechen. Zentrale Figuren sind die orangefarbene Maus, ihr Freund der blaue Elefant, die gelbe Ente und immer am Schluss der Käpt'n Blaubär.

Februar

*Es ist gar kein übler Monat, dieser Februar, man muss ihn
nur zu nehmen wissen.*
  Wilhelm Raabe

Es regnet in diesem Februar zu wenig. Und es ist vergleichs-
weise mild. Die mittlere Lufttemperatur beträgt 2,1° C. Die
Wintersport-Fans sind frustriert.

*

Am 1. Februar kann die Hälfte der sieben Millionen DM,
gegen die der am 29. November 1971 gekidnappte Discount-
Milliardär Theo Albrecht nach 17tägiger Gefangennahme
freigelassen wurde, sichergestellt werden. Einer der Ent-
führer, der Rechtsanwalt Heinz Joachim Ollenburg, kam
nicht umhin, als die Verstecke preiszugeben. Sein Mittäter
Paul Kron, genannt Diamanten-Paule, betonte, den Großteil der ihm zugestandenen anderen Hälfte nicht erhalten
zu haben. Lediglich 10000 DM habe er von Ollenburg bekommen. Die Restsumme ist nie wiederaufgetaucht.

*

Zum ersten Mal seit dem Zweiten Weltkrieg gibt es wieder einen regelmäßigen Flugverkehr zwischen der Bundesrepublik Deutschland und der Sowjetunion. Am 4. Februar landet auf dem Flughafen Frankfurt eine Iljuschin 62 der sowjetischen Aeroflot, an deren Bord sich auch der Aeroflot-Direktor Alexander Besedin befindet. Einen Tag später kommt eine Boeing 727 auf dem Flughafen Moskau-Scheremetjewo an. Die Wiederaufnahme des Flugverkehrs wird als weitere positive Auswirkung der sozialliberalen Ostpolitik gewertet.

*

In Westberlin gibt es eine linksterroristische Gruppe, die sich in Erinnerung an den am 2. Juni 1967 von einem Polizisten getöteten Studenten Benno Ohnesorg „Bewegung 2. Juni" nennt. Gegründet wurde sie ursprünglich unter dem Namen „Tupamaros West-Berlin" vom Anarchisten Bommi Baumann. Am 2. Februar rächt sich die Gruppe für das Blutbad in der nordirischen Stadt Derry an der Armee des Vereinigten Königreichs. Sie verübt einen Anschlag auf den britischen Yachtclub in Berlin-Gatow. Am Bau des Sprengkörpers beteiligt sich Baumann. Erwin Beelitz, Bootsbauer und Hausmeister des Yachtclubs, entdeckt die Bombe. Beim Hantieren explodiert sie. Beelitz wird schwer verletzt und verblutet. Danach verlässt Baumann die „Bewegung 2. Juni" und flieht ins Ausland.

*

Der japanische Kaiser Hirohito eröffnet am 3. Februar im Makomanai-Stadion von Sapporo die 11. Olympischen

Winterspiele. In 35 Wettbewerben kämpfen 1232 Sportler aus 35 Ländern um Medaillen. An dem Spektakel darf der österreichische Skistar Karl Schranz nicht teilnehmen. Das Internationale Olympische Komitee IOC hat ihn wegen unerlaubter Werbetätigkeiten und Verstoßes gegen die „heiligen" Amateurbedingungen ausgeschlossen. Die Sportgroßmacht DDR belegt den zweiten Platz im Medaillenspiegel. Ihre Athleten holen viermal Gold, dreimal Silber und siebenmal Bronze. Auf dem sechsten Platz rangiert die Bundesrepublik Deutschland mit dreimal Gold, einmal Silber und einmal Bronze. Als Sensation gilt der Goldgewinn der 17jährigen Münchner Buchbinderin Monika Pflug im Eisschnelllauf über 1000 Meter. Seither heißt sie Gold-Moni. Ebenso triumphal schneidet der 27jährige Zahnmedizin-Student Erhard Keller im 500-Meter-Eissprint ab. Er wiederholt seinen Olympiasieg vom Jahr 1968.

*

Zwei Tage nach dem Beginn der Olympischen Winterspiele wird in Nürnberg die Spielwarenmesse eröffnet, die weltweit größte Fachmesse der Spielwarenbranche. Im Messezentrum stellt die fränkische Spielwarenfirma BIG eine Novität vor. Es ist der 60 cm lange und 40 cm hohe Bobby Car, gefertigt aus Polyethylen. Entwickler des kleinen roten Flitzers ist der Ingenieur und BIG-Chef Ernst A. Bettag. Während der Präsentation ahnt er noch nicht, dass er ein Erfolgsprodukt kreiert hat, das in Nürnberg seinen weltweiten Siegeszug antritt. Für viele Jungen und Mädchen wird es zum ersten Automobil ihres Lebens.

*

In Versailles endet die „Weltversammlung für den Frieden und die Unabhängigkeit der Völker Indochinas". Mehr als 1200 Delegierte aus 84 Ländern rufen die Völker der Welt auf, den *Freiheitskampf Indochinas gegen die Vereinigten Staaten zu unterstützen.* Aufsehen erregt die Teilnahme der US-amerikanischen Filmschauspielerin Jane Fonda, die sich seit einiger Zeit gegen die US-Intervention in Vietnam engagiert. Seit einem Besuch in Nordvietnam nennt man sie in konservativen US-amerikanischen Kreisen despektierlich „Hanoi-Jane".

*

Mitte Februar herrscht vielerorts in Deutschland närrisches Treiben. Die Art und Weise, wie die Menschen ihre Katharsis praktizieren, ist regional verschieden. Während im Rheinland extravertiert-fröhlich gefeiert wird, zelebriert man im Südwesten eine mystisch-komische Variante der Narretei. Der am Bodensee lebende alemannische Schriftsteller Martin Walser wohnt in Überlingen dem jährlichen Fasnachtsumzug bei. Einige Tage später hält er in seinem Tagebuch eine eindrückliche Beobachtung fest: *Am Rand eine Großmutter und ihre Tochter in Trauer und eine 4jährige Enkelin, fasnachtsmäßig kostümiert, aber auch in Trauer: schwarzes Kopftuch, schwarze Wollstola, schwarze Bluse, schwarzer knöchellanger Rock, eine alte Reisetasche, von deren Handgriff violette Bänder flattern. Eine schwarze Brille, aber knallrot geschminkte Backen … Die Hänsele mit den halbmeterlangen Nasenschwänzen: damit gehen sie zu den Leuten ins Gesicht, damit wiederholen sie die Pestschrecken, einem mit der Pestnase so nahe zu kommen war tödlich … Fast alles hässlich, grauenhaft,*

faszinierend … Immer wieder über unseren Köpfen Kano-
nenschläge.

*

Am Morgen des 15. Februar herrscht in Hamburg kaltes
Winterwetter. An den Schiffsanlegern im Hamburger
Hafen stehen dicht gedrängt Schauerleute. Sie warten
auf ihre Barkassen, mit denen ans andere Ufer der Elbe
transportiert werden möchten. Dort müssen Schiffe be-
und entladen werden. Die Barkasse „Caesar II" nimmt 45
Schauerleute auf und legt um 6.45 Uhr los. Kurze Zeit später kollidiert sie mit der Fähre „Eppendorf". Sie wird von
diesem wesentlich größeren Schiff unter Wasser gedrückt
und sinkt. Wer noch kann, versucht sich schwimmend zu
retten. Sofort beginnt eine Rettungsaktion. 28 Schauerleute
können aus der eiskalten Elbe gerettet werden. Für 17 Personen kommt die Hilfe zu spät. Hamburg trauert um die
Toten. Es ist das schwerste Hafenunglück seit dem Ende des
Zweiten Weltkriegs.

*

Am Abend des 19. Februar wird der Spielfilm „Die Angst
des Tormanns beim Elfmeter" zum ersten Mal gezeigt,
und zwar nicht in den Kinos, sondern in der ARD. Es ist
die Verfilmung von Peter Handkes gleichnamigen Buches.
Regisseur ist Wim Wenders. Obwohl dieser bis dato schon
einige Filme gedreht hat, ist der neue Film aus seiner Sicht
sein Erstlingswerk. Kennt man Handkes Buch nicht, könnte
man aufgrund des Titels einen Sportfilm vermuten. Dem
ist nicht so, denn es handelt sich um einen Krimi. Der Tor-

mann Josef Bloch wird wegen eines Foulspiels vom Schieds-
richter des Feldes verwiesen. Orientierungslos streift er
durch Wien, bis er der Kino-Kassiererin Gloria begegnet.
Mit ihr verbringt er die Nacht. Am Morgen erdrosselt er
sie. Danach reist er zu einer Freundin ins Burgenland, wo
er seiner Festnahme entgegensieht. Kurz bevor die Polizei
ihn findet, sieht er sich noch ein Dorf-Fußballspiel an.

*

Zu vieler Verblüffung nähern sich zwei Kontrahenten des
Kalten Krieges einander an. Man spricht vom Jahrhun-
dertgipfel, als der amerikanische Präsident Nixon am 21.
Februar 1972 in der Volksrepublik China eintrifft. Syste-
matisch geplant wurde er vom amerikanischen Sicherheitsberater Kissinger und von dem chinesischen Ministerpräsidenten Tchou En-lai. Im Fokus steht die Begegnung
und Unterredung zwischen Nixon und Mao-Zedong, dem
mächtigsten Mann Chinas. Ziel ist die Verbesserung der
politischen Beziehungen, die vom Prinzip der friedlichen
Koexistenz getragen sein sollen. Die diplomatischen Beziehungen werden wiederaufgenommen. Die Sowjetunion
und die meisten ihrer Verbündeten reagieren auf die ame-
rikanisch-chinesische Annäherung mit Kritik und Häme.

*

In der rapid wachsenden Betonwüste der kalifornischen
Megastadt Los Angeles wird der botanisch nutzbare Erd-
boden knapp. Um das Stadtbild nicht ganz unwirtlich
erscheinen zu lassen, führt die Kommune eine skurrile
Maßnahme durch. Sie platziert entlang der Prachtstraße

Jefferson Boulevard Betonwannen, die mit Palmen und Sträuchern aus Kunststoff bestückt werden.

*

Der Volkswagen „Käfer", ein PKW-Modell der unteren Mittelklasse, darf sich jetzt als das meistgebaute Auto der Welt bezeichnen. Seit 1945 sind mehr als 15 Millionen Stück vom Band gerollt. Somit entthront der Käfer den bisherigen Rekordhalter Ford „Tin Lizzy".

*

Obwohl kirchliche Konservative dagegen protestieren, feiert das Musical „Jesus Christ Superstar" im katholischen Münster seine Weltpremiere. Die Musik wurde geschrieben von Andrew Lloyd Webber, die Lyrik von Tim Rice. Die Handlung bezieht sich auf die letzten sieben Tage des Jesu von Nazareth. Sie werden erzählt aus der Perspektive des Judas. Inhaltliche Schwerpunkte sind Jesu Beziehung zur Prostituierten Maria Magdalena, das letzte Abendmahl, das Urteil des König Herodes, Judas' Verrat, der Kreuzweg und das Sterben Jesu am Kreuz. Die fetzige Rockoper wird zu einem riesigen medialen und kommerziellen Erfolg.

*

Am 23. Februar beginnt im Bundestag die Debatte über die Ratifizierung der Ostverträge. Es geht dabei vor allem um die Anerkennung der Oder-Neiße-Linie beziehungsweise der Westgrenze Polens, um den Verzicht auf Gebietsansprüche an Polen sowie um die Anerkennung der Unverletzlichkeit der deutsch-deutschen Grenze. Die Ostpolitik polarisiert den Bundestag und die westdeutsche Gesellschaft. Während die einen die Ostverträge als notwendig und friedensstiftend befürworten, sprechen die anderen von Verrat und Verzicht. Rainer Barzel, Vorsitzender der oppositionellen CDU/CSU-Fraktion sagt unmissverständlich: *So nicht!* Der Opposition gehen die Grenzgarantien gegen den Strich. Sie fordert, das Selbstbestimmungsrecht der Deutschen im Vertragswerk festzuschreiben. Die Sowjetunion akzeptiert daraufhin in einem „Brief zur Deutschen Einheit" das Selbstbestimmungsrecht und den Wiedervereinigungsanspruch der Deutschen. Gleichzeitig droht sie damit, bei einem Scheitern der Ostverträge im Bundestag das Berlin-Abkommen von 1971, das für die geteilte Stadt wesentliche Erleichterungen und Sicherheitsgarantien enthält, zu annullieren.

*

An diesem Februartag erregt in Rom ein juristisches Ereignis die Aufmerksamkeit der Italiener. Es beginnt der Gerichtsprozess gegen den Anarchisten Pietro Valpreda und elf Mitangeklagte. Ihnen wird vorgeworfen, am 12. Dezember 1969 einen Terroranschlag auf die Mailänder Landwirtschaftsbank verübt zu haben. Eine Bombe tötete an jenem Tag 18 Menschen und verletzte 87. Die Anklage gründet auf der Aussage eines Taxifahrers, der sich sicher war, Valpreda unmittelbar vor der Tat zur Landwirtschaftsbank chauffiert zu haben. Dieser wichtige Zeuge starb vor dem Prozess. Valpreda streitet eine Tatbeteiligung vehement ab. Für ihn und seine Verteidiger sind die Urheber des Terroranschlags Rechtsradikale. Kurz vor dem Jahresende wird Valpreda aufgrund mangelhafter Beweislage aus der Untersuchungshaft entlassen.

*

Die parlamentarische Mehrheit der Regierung Brandt/ Scheel wird fragil. Zweifel an der Koalitionstreue einiger FDP-Bundestagsabgeordneter werden lauter. Sie lassen erkennen, dass ihnen die Zustimmung zur neuen Ostpolitik schwerfällt. Die Abstimmung über die Ostverträge droht zu scheitern. Der Pessimismus verstärkt sich, als am 29. Februar der Vertriebenen-Politiker und Bundestagsabgeordneter Herbert Hupka aus der SPD austritt.

*

Am selben Tag nimmt der Bundeskanzler und Nobelpreisträger Willy Brandt im Audienzsaal des Lübecker Rathauses die Ehrenbürgerurkunde seiner Geburtsstadt entgegen. Dieselbe Ehrung wurde 1955 Thomas Mann, einem ebenso berühmten Lübecker, zuteil. Im Gegensatz zum Literatur-Nobelpreisträger entstammt Willy Brandt nicht der lübschen Kaufmannsgesellschaft, sondern dem Arbeitermilieu. Am 18. Dezember erblickte er als unehelicher Sohn einer Konsum-Verkäuferin das Licht der Welt. Im Geburtsregister ist er unter dem Namen Herbert Ernst Karl Frahm verzeichnet. Das begabte Proletarierkind schaffte es aufs Reformgymnasium Johanneum, wo er ein Stipendium erhielt. Seine Schullaufbahn schloss er 1932 mit dem Abitur ab. Als der junge Sozialist und Regimegegner im April 1933 nach Norwegen floh, eignete er sich den Decknamen Willy Brandt an, den er nie mehr ablegte.

*

All diejenigen, die am diesjährigen Schalttag geboren sind, können sich jetzt auf einen realen Geburtstag freuen.

März

Wenn im März die Kraniche ziehen, werden bald die Bäume blühen.
Bauernweisheit

Lenzgefühle machen sich breit. Das Quecksilber steigt in den Plusbereich. Die Menschen freuen sich über 154 Stunden Sonnenschein.

*

Am Abend des 1. März setzt sich der 17jährige Richard Epple im württembergischen Breitenholz hinter das Steuer eines nicht zugelassenen Ford Taunus 12 M. Er ist Lehrling, Autofan und hat noch keinen Führerschein. Sein Ziel ist die nahe Universitätsstadt Tübingen, wo er dann in der Wilhelmstraße von einer Polizeistreife zum Halten aufgefordert wird, da ein Blinker nicht funktioniert. Epple widersetzt sich und fährt mit hoher Geschwindigkeit davon. Das Polizeifahrzeug verfolgt ihn und fordert Unterstützung an. Als Epple am Ortseingang von Herrenberg eine Straßensperre durchbricht, überfährt er beinahe einen Polizisten. Die Einsatzleitung nimmt inzwischen an, dass es sich beim Flüchtenden um ein Mitglied der Roten Armee Fraktion handelt. Über Funk signalisiert sie: *Feuer frei!* Ein Polizist feuert mit einer Beretta-Maschinenpistole auf Epple. Durch eine von sieben Kugeln wird dieser getötet. In Tübingen formiert sich heftiger Protest. Es finden Demonstrationen statt. Der Polizei wird unverhältnismäßiges Handeln vorgeworfen. Man gründet ein „Solidaritätskomitee Richard Epple". Ein von Tübinger Jugendlichen besetztes und als Jugendzentrum fungierendes Gebäude erhält den Namen „Epplehaus". Später zieht eine Untersuchungskommission den Schluss, dass das polizeiliche Handeln verhältnismäßig gewesen sei.

*

Tags darauf kommt es auch in Augsburg zu einer Konfrontation mit tödlichem Ausgang. Zwei Mitglieder der Roten Armee Fraktion, die in die Illegalität abgetaucht sind, verlassen ihre Wohnung im Augsburger Georgsviertel. Es sind Thomas Weisbecker und Carmen Roll. Sie wissen nicht, dass sie seit einiger Zeit überwacht werden. Als sie die Innenstadt erreichen, trennen sich ihre Wege. Vor dem Stadtwerkehaus treffen zwei Polizisten auf Weisbecker. Sie befehlen ihm die Hände hochzunehmen. Dieser greift nach einer Pistole. Ein Polizist tötet ihn durch einen Schuss ins Herz. Weisbeckers Mutter stellt danach eine Strafanzeige wegen des Verdachts der vorsätzlichen Tötung. Die Polizei gibt an, der Beamte habe in Notwehr geschossen. Die Staatsanwaltschaft folgt der polizeilichen Darstellung und stellt das Verfahren ein. Am 12. Mai verübt die Rote-Armee-Fraktion einen Racheakt und lässt im Polizeipräsidium Augsburg eine Bombe detonieren. Ein Kommando Thomas Weisbecker bekennt sich zu dem Anschlag: *Die*

Fahndungsbehörden haben zur Kenntnis genommen, dass sie keinen von uns liquidieren können, ohne damit rechnen zu müssen, dass wir zurückschlagen.

*

Auch Italien hat ein Problem mit dem Linksextremismus. Ein prominenter Exponent ist der 46jährige steinreiche Verleger Giangiacomo Feltrinelli. Er ist in den Untergrund abgetaucht und führt die Terrororganisation GAP (Gruppe der Partisanenaktion). Zwölf Tage nach dem Augsburger Ereignis wird er in einem Hochspannungsmast in der Nähe von Mailand tot aufgefunden. Laut einer gerichtlichen Untersuchung wollte Feltrinelli einen Terroranschlag auf die Überlandleitung ausüben. Seine Bombe sei vorher explodiert und habe ihm tödliche Verletzungen zugefügt. Die italienische Linke zweifelt das Untersuchungsergebnis an. Sie vermutet, dass Feltrinelli einem Mordanschlag zum Opfer gefallen ist.

*

Der Griff nach den Sternen ist ungebrochen. Die NASA schickt die Raumsonde Pioneer 10 am 3. März in Richtung Jupiter, der größter Planet des Sonnensystems ist. In 21 Monaten soll sie zum Jupiter gelangen und anschließend das Sonnensystem verlassen. Da nicht ausgeschlossen wird, dass das Weltraumfahrzeug auf eine außerirdische Zivilisation trifft, führt es eine Botschaft auf einer vergoldeten Plakette mit sich. Darauf befinden sich Zeichnungen und Symbole über das Leben auf der Erde.

*

Die deutsche Ausgabe des Politthrillers „Der Schakal"
kommt in die Buchhandlungen und begeistert die Leser-
schaft. Autor ist Frederick Forsyth, einst jüngster Pilot der
Royal Air Force und Fernsehreporter der BBC. In dem
super spannenden Roman geht es um ein von der französischen Untergrundorganisation OAS geplantes Attentat
auf den Staatspräsidenten Charles de Gaulle. Bisher sind
all ihre Tötungsversuche gescheitert. Jetzt, nachdem viele
Untergrundkämpfer verhaftet worden sind, will sie es
nochmals versuchen und engagiert einen ausländischen
Berufskiller. Die französischen Geheimdienste bekommen
von dem Attentatsplan Kenntnis. Sie wissen allerdings lediglich, dass er Engländer ist, blonde Haare trägt und den
Decknamen „Schakal" gebraucht. Die europaweite Jagd auf
den Schakal beginnt. Kommissar Claude Lebel gelingt es
schließlich, den Gesuchten auszumachen und somit das
Attentat zu verhindern.

*

In Ulm an der Donau stellt der 21jährige strubbelhaarige
Gewichtheber Rudolf Mang am 5. März einen neuen Super-
schwergewichts-Weltrekord im Drücken auf. Er erhöht die
Bestmarke auf 230,5 kg. Der starke Mann aus Bellenberg
im bayerischen Schwaben macht seine Gemeinde weltbe-
kannt. In den Medien wird er Bär von Bellenberg genannt.
Bei den Europameisterschaften am 21. Mai in Konstanza
unterliegt er im Dreikampf aus Drücken, Reißen und Sto-
ßen dem russischen Koloss Wassili Alexejew nur knapp.
Man traut ihm jetzt den Gewinn der Goldmedaille bei den
diesjährigen Olympischen Spielen in München zu. Mang
gerät unter Erwartungsdruck. Im erneuten Duell unterliegt

er Alexejew. Er muss sich mit der Silbermedaille und mit dem Status des zweitstärksten Mannes zufriedengeben.

*

Zum ersten Mal bringt der als Dramatiker bekannt gewordene Rolf Hochhuth eine Komödie auf die Bühne. Er betitelt sie mit „Die Hebamme". Die Premiere findet zeitgleich in Kassel, Göttingen, Essen, Wiesbaden und Zürich statt. Ort der Komödie ist die imaginäre nordhessische Provinzstadt Wilhelmsthal. In dieser Kommune tritt ein besonderer sozialer Gegensatz zutage. Zum einen gibt es dort eine Barackensiedlung, in der arme Menschen im sozialen Elend leben. Zum anderen ist in der Nähe eine Bundeswehr-Siedlung entstanden, in die demnächst Militärmusiker einziehen sollen. Die CDU-Stadträtin, Diakonissin und Hebamme Sophie setzt sich zum Ziel, die Baracken-Bewohner aus ihrem sozialen Elend zu befreien. Sie wählt einen illegalen Lösungsweg. Sie fälscht die Papiere einer am Kriegsende verstorbenen Witwe eines Offiziers, dem die Nazis Unrecht angetan hatten. Sie bemächtigt sich deren Identität und stellt einen Antrag auf Wiedergutmachung. Diesem wird von der betreffenden Behörde entsprochen. Somit verfügt sie über eine gute finanzielle Basis, um mit viel List die Armen von Wilhelmsthal in die bundeseigenen Häuser umzuquartieren.

*

In der Bundesrepublik Deutschland wird seit Ende der sechziger Jahre über die rechtliche Regelung von Schwangerschaftsabbrüchen eine sehr konträre Diskussion geführt.

Besonders hoch schlugen die Wellen, als am 6. Juni 1971 das Bekenntnis von 374 Frauen, abgetrieben zu haben, im Wochenmagazin STERN veröffentlicht wurde. Initiatorin der Aktion war die Frauenrechtlerin Alice Schwarzer. Diese veröffentlichte ein paar Monate später das Buch „Frauen gegen den § 218". Die Gesetzgebung bleibt in der Bundesrepublik Deutschland zunächst unverändert. Auftrieb erhält die westdeutsche Protestbewegung gegen den Paraphen 218, als am 9. März die Volkskammer der Deutschen Demokratischen Republik das „Gesetz über die Unterbrechung der Schwangerschaft" verabschiedet. Es ist übrigens die einzige Abstimmung in diesem obersten Machtorgan, die nicht einstimmig endet. Es gibt 14 Neinstimmen aus der Fraktion der Ost-CDU und acht Enthaltungen. Nach dem neuen Gesetz haben ostdeutsche Frauen das Recht, sich innerhalb der ersten zwölf Wochen für einen Schwangerschaftsabbruch zu entscheiden, wenn dieser nach vorhergehender Beratung von einem Arzt durchgeführt wird.

*

Am zweiten Märzwochenende treffen sich 400 Frauen aus 40 Städten in der Frankfurter Jugendherberge am Mainufer zum ersten Bundesfrauenkongress. Sie möchten der Unterdrückung der Frau entgegenwirken und ihre Interessen artikulieren. In einer Resolution konkretisieren sie ihre Ziele:

1. gleiche Löhne für gleichwertige Arbeit (und dazu die Abschaffung des Hausarbeitsgesetzes § 1356),
2. die Vergesellschaftung der Hausarbeit (Großküchen sollen der Hausfrau zeitraubende Vorarbeiten wie zum Beispiel Kartoffelschälen abnehmen),

3. Teilzeitarbeit für Mann und Frau,

4. Gratis-24-Stunden-Kindergärten und Ganztagsschulen,

5. ein Babyjahr für Mutter oder Vater statt des üblichen Mutterschutzes von sechs Wochen vor und acht Wochen nach der Geburt,

6. die steuerliche Gleichstellung von unverheirateten mit verheirateten Paaren,

7. und die Errichtung von Großwohnungen zu niedrigen Mieten, um die Isolation der Kleinfamilie aufheben zu können."

Am Ende des Kongresses singen die Teilnehmerinnen gemeinsam das Lied „Frauen gemeinsam sind stark" des Frankfurter Weiberrates. Die neue deutsche Frauenbewegung hat begonnen.

*

Der junge, aufstrebende Schriftsteller Peter Handke steigert seinen Bekanntheitsgrad. Am 13. März erscheint bei Suhrkamp sein neuer autobiografisch beeinflusster Roman „Der kurze Brief zum langen Abschied". Der Ich-Erzähler, ein österreichischer Autor Anfang 30, reist quer durch die USA, nach dem er sich von seiner Frau Judith getrennt hat. Sie reist ihm nach und lässt ihn wissen, dass sie von ihm nicht kontaktiert werden möchte. Die zunächst entspannend anmutende Reise spitzt sich dramatisch zu. Judith trifft auf ihren Mann und konfrontiert ihn mit einem gezückten Revolver. Ihrem Ex-Partner gelingt es, sie zu entwaffnen und die Konfrontation zu entschärfen. Daraufhin reisen sie mit einem alten Western-Regisseur nach Kalifornien. Er gibt ihnen Gelegenheit, sich ihr Beziehungsproblem von der Seele zu reden. Friedlich gehen sie auseinander. Der Literaturkritiker Helmut Karasek lobt die *klare, anschauliche Schönheit dieses Buches.*

*

Beinahe wäre Frankfurt am Main 1949 vorläufige Bundeshauptstadt geworden. Bonn hatte die Nase bei der Abstimmung knapp vorn. Dennoch ist die Großstadt am Main „hauptstädtischer" als Bonn. Sie ist unbestritten die Banken- und Finanzmetropole der wirtschaftlich erfolgreichen Bundesrepublik Deutschland. Und was den Flugverkehr betrifft, ist sie Deutschlands Tor zur Welt. Am 14. März wird das Terminal Mitte (heute Terminal 1) des Flughafens vom Bundespräsidenten Gustav Heinemann feierlich eröffnet. Sieben Jahre hat der eine Milliarde Mark teure Neubau gedauert. Otl Aicher, der auch für das visuelle Erscheinungsbild der Olympischen Spiele 1972 zuständig ist, hat für die Orientierung der Flugpassagiere ein prägnantes Piktogramm-System entwickelt. Es kommt so gut an, dass es in der Folgezeit von vielen Flughäfen der Welt übernommen wird. Man ist voll des Lobes über das Bauwerk und spricht vom „Airport der Zukunft".

*

Am 15. März kommt „Der Pate" in die Kinos. Francis Ford Coppola hat Mario Puzos gleichnamigen Roman verfilmt. Zentraler Inhalt sind der Aufstieg und der Machtverfall einer vom Paten Don Vito Corleone regierten Mafia-Großfamilie. Zeitlich angesiedelt ist das Geschehen in der New Yorker Unterwelt der 1940er und 1950er Jahre. Titelheld ist der genial spielende Marlon Brando. Ein Jahr später wird der Film für elf Oscars nominiert. Schließlich erhält er davon drei: als bester Film, bester Hauptdarsteller (Marlon Brando) und bestes adaptiertes Drehbuch.

*

Im Verlauf des Monats erregt ein 200 Seiten starkes Sachbuch die Aufmerksamkeit der Welt. Es ist die von Dennis Meadows und seinem Team am Massachusetts Institute of Technology verfasste Studie „Die Grenzen des Wachstums". Auftraggeber ist der Club of Rome, eine 1968 gegründete Denkfabrik. Fazit dieser Studie ist, dass bis zum Jahr 2100 unsere Umwelt zerstört ist und die Rohstoffquellen der Erde zur Neige gehen. Diese drohende Katastrophe kann, so die zentrale Schlussfolgerung, nur durch eine radikale umweltpolitische Wende verhindert werden. Konkret heißt es weiter: *Unsere gegenwärtige Situation ist so verwickelt und so sehr Ergebnis vielfältiger menschlicher Bestrebungen, dass keine Kombination rein technischer, wirtschaftlicher oder gesetzlicher Maßnahmen eine wesentliche Besserung bewirken kann. Ganz neue Vorgehensweisen sind erforderlich, um die Menschheit auf Ziele auszurichten, die anstelle weiteren Wachstums auf Gleichgewichtszustände führen. Sie erfordern ein außergewöhnliches Maß von Verständnis, Vorstellungskraft und politischen und moralischen Mut. Wir glauben aber, dass diese Anstrengungen geleistet werden können, und hoffen, dass diese Veröffentlichung dazu beiträgt, die hierfür notwendigen Kräfte zu mobilisieren.* Obwohl es zu der Studie auch kritische Stimmen gibt, entsteht in deren Gefolge eine zur nachhaltigen Entwicklung mahnende Umweltbewegung. Der naive ökonomische Wachstumsglaube wird erschüttert. In der Wachstumsgesellschaft bahnt sich ein Mentalitätswandel an. Die grünen Geister, die die Studie gerufen hat, können nicht mehr zum Verschwinden gebracht werden.

*

In Europa ist man sich sicher, den Pocken-Virus ausgerottet zu haben. Als im Februar 1972 der 38jährige Kosovo-Albaner und islamische Geistliche Ibrahim Hoti von einem Besuch Mekkas und der heiligen Stätten im Irak in die jugoslawische Heimat zurückkehrte, weiß er nicht, dass er diesen Krankheitserreger in sich trägt. Er hat kurze Zeit Fieber und einen Hautausschlag. Dann verschwinden die Symptome. Plötzlich erkrankt eine Kontaktperson Hotis schwer. Die Ärzte können die Krankheit nicht als Pockeninfektion diagnostizieren. Der tatsächlich infizierte Pockenkranke stirbt am 10. März. Weitere Patienten weisen ähnliche Symptome auf. Erst am 21. März weiß man, dass sie durch schwarze Pocken hervorgerufen wurden. Insgesamt werden 175 Menschen infiziert, 53 sterben. Durch strenge Quarantäne-Maßnahmen und Massenimpfungen kann die beginnende Epidemie eingedämmt werden. Auch in Deutschland droht ein Ausbruch. Ein jugoslawischer Gastarbeiter bringt den Virus von einem Kosovo-Aufenthalt nach Hannover mit. Dort werden 645 Kontaktpersonen ausfindig gemacht und in Quarantäne geschickt. Einer Epidemie kann dadurch vorgebeugt werden.

*

In den USA erfährt das Rauschgift Kokain ein Comeback. Die Modedroge der zwanziger Jahre wird vor allem von

Angehörigen der Großstadt-Schickeria konsumiert. Die Underground-Zeitschrift „Rolling Stone" spricht von der Droge des Jahres. Manche User nehmen das weiße Pulver mit Hilfe einer zusammengefalteten US-Dollarnote ein. Offensichtlich gelangt das Rohkokain aus den Andenstaaten in die US-Metropolen. Obwohl nach dem Kokain-Konsum ein katerartiges Unwohlsein zu verspüren ist, bleiben die Konsumenten von gravierenden körperlichen Entzugserscheinungen verschont. Sie preisen die Erhöhung der Kreativleistung, die Schärfung der Wahrnehmung, die Beseitigung von Selbstzweifeln und die Steigerung des Sexualgenusses. Trotz ärztlicher Warnungen vor der langfristigen psychischen Abhängigkeit hält der Kokain-Hype an.

*

Nicht nur in den Kasernen der Bundeswehr, sondern auch in den Klassenzimmern der deutschen Schulen lässt die Disziplin zu wünschen übrig. Bundesweite Aufmerksamkeit erregt ein „Aufruf an alle Eltern", verfasst vom Kollegium der Hamburger Volksschule Neurahlstedt: *Die Brutalität der Schüler untereinander nimmt ständig zu. Sie bespucken sich, schlagen sich unbarmherzig, zerreißen Kleidung, gefährden durch unkontrollierte Wutanfälle die Gesundheit der Betroffenen. Sie terrorisieren einander durch Drohungen und Erpressungen ... Schätzungsweise wird täglich ein Drittel der Unterrichtszeit in allen Klassen damit vertan, dass auf zu spät kommende Schüler gewartet werden muss, dass provozierendes Verhalten den Fortgang des Unterrichts stört, dass Hausarbeiten fehlen oder miserabel angefertigt sind, dass ständige Unruhe durch verschiedene Schüler das Arbeitsklima für alle Schüler erheblich beein-*

trächtigt. Ähnliche Alarmrufe folgen diesem Bericht in allen Regionen der Bundesrepublik. Die Kultusministerien der Bundesländer wollen das medial vermittelte Schülerbild nicht bestätigen. Sie sprechen von Randerscheinungen und konzedieren dem Großteil der Schülerschaft ein positives Sozial- und Leistungsverhalten. Auch der prominente Hamburger Schulpsychologe Walter Bärsch kann die Pressemeldungen nicht bestätigen. Dennoch verhehlen die Schulexperten nicht, dass es in der Schule tatsächlich ein Problem gibt. Sie sprechen vom Verfall der Amtsautorität des Lehrers. Konkret heißt dies: Die Lernbereitschaft und Disziplin entstehen nicht mehr automatisch durch seine Rolle. Respektiert wird er aufgrund seiner Persönlichkeit sowie seiner pädagogischen und fachlichen Kompetenz.

*

Die deutsch-griechische Sängerin Vicky Leandros nimmt erneut am Eurovision Song Contest teil, der am 25. März in der Usher Hall im schottischen Edinburgh stattfindet. Sie startet übrigens nicht für Deutschland, sondern für Luxemburg. Ihr von Klaus Munro komponierter Song heißt „Après toi" (Da kamst du):

Tu t'en vas
L'amour a pour toi
Le sourire d'une autre
Je voudrais mais ne peux t'en vouloir
Désormais
Tu vas m'oublier
Ce n'est pas de ta faute
Et pourtant tu dois savoir

Qu'aprés toi
Je ne pourrai plus vivre, non plus vivre
Qu'en souvenir de toi
Après toi …

Vicky Leandros Auftritt ist exzellent. Die Juroren küren sie zum Champion. Ihr Erfolg zahlt sich auch finanziell sehr gut aus. Die Single verkauft sich über 5,5 Millionen Mal.

*

General a. D. Karl Wolff, von 1943 bis 1945 höchster SS- und Polizeiführer in Italien, wird am 28. März von einem Untersuchungsrichter des Erzbistums München befragt. Anlass ist die geplante Seligsprechung des früheren Papstes Pius XII. Die dafür zuständige vatikanische Kongregation möchte in Erfahrung bringen, ob sich der Stellvertreter Gottes wirklich für verfolgte Juden eingesetzt hatte, denn Kritiker werfen ihm unterlassene Hilfeleistung vor. Im Verlauf der Befragung berichtet Wolff, dass der Papst für Adolf Hitler ein Dorn im Auge war. Dieser warf dem Papst und der Katholischen Kirche vor, vielen Juden in den Klöstern Unterschlupf zu gewähren. Deshalb erhielt Wolff den Auftrag, Pius XII. zu entführen und nach Deutschland zu verbringen. Anscheinend war es Hitler bei seiner Absicht aber nicht ganz wohl. Er schob den endgültigen Einsatz so lange vor sich her, bis die Umsetzung des an Wolff ergangenen Auftrags militärisch nicht mehr möglich war.

*

In Vietnam lodern die Kämpfe wieder auf. Die Nordvietnamesen dringen am Gründonnerstag zusammen mit Vietcong-Einheiten über den 17. Breitengrad in die nördliche Provinz Südvietnams, Quang Tri, vor. Zusätzliche Angriffe folgen. Man spricht von der Ostern-Offensive. Nach Ostern stehen die Eindringlinge kurz vor der alten Kaiserstadt Hue. Die Amerikaner reagieren mit Brandwaffen-Angriffen auf Vietcong-Einheiten und mit schweren Bombenangriffen auf nordvietnamesisches Territorium. Ein besonderes Ziel sind die Städte Hanoi und Haiphong. Außerdem blockieren US-amerikanische Seestreitkräfte nordvietnamesische Häfen. Weltweit wird gegen diese Gegenreaktion protestiert. Im Juni kommt der nordvietnamesische Vormarsch zum Erliegen. Besetzte südvietnamesische Städte werden zurückerobert. Ende Juni kehren die Kriegsparteien wieder an den Verhandlungstisch in Paris zurück.

April

Das Leben ist ein ewiger April.
Fliegende Blätter

Der April startet nicht frühlingshaft. Im Alpenland liegt noch viel Schnee. Bis zum Monatsende beträgt die Sonnenscheindauer 116 Stunden. Die mittlere Lufttemperatur entspricht mit 8,3° C dem langfristigen April-Durchschnittswert.

*

Es ist kein Aprilscherz, sondern der Beginn der Verwirklichung einer mutigen Idee. Am 1. April gründen die fünf ehemaligen IBM-Mitarbeiter Dietmar Hopp, Hasso Plattner, Hans-Werner Hector, Klaus Tschira und Claus Wellenreuther die Firma SAP (Systemanalyse und Programmentwicklung). Ihr visionäres Ziel ist es, eine für viele Unternehmen anwendbare und flexibel anpassbare Standard-Software zu entwickeln. Außerdem sollen die Daten nicht mehr mittels Lochkarten in die Verarbeitungsprozesse eingegeben werden, sondern über Tastatur und Bildschirm. Der Firmensitz befindet sich zunächst im

Badischen Weinheim. Die Firmeninhaber verbringen viel Arbeitszeit in den Rechenzentren ihrer ersten Kunden. In diesem Gründungsjahr beschäftigt SAP neun Mitarbeiter und erzielt einen Umsatz von 640000 DM.

*

In der ersten Aprilwoche stirbt Heinrich Lübke, der von 1959 bis 1969 Präsident der Bundesrepublik Deutschland war. In seiner zweiten Präsidialzeit fiel er aufgrund einer zunehmenden Schusseligkeit auf. Durch Versprecher, Blackouts und Fehlleistungen weckte er immer mehr Zweifel an seiner präsidialen Kompetenz. Er wurde zum Spottobjekt von Kabarettisten und satirischen Magazinen. Der Königin von England kündigte er den Beginn eines ihr zu Ehren veranstalteten Konzerts mit dem Satz an: *Equal goes it loose.* In Tananarive, der Hauptstadt von Madagaskar, begrüßte er den Staatspräsidenten Philibert Tsiranana und dessen Gemahlin mit „Sehr geehrter Herr Präsident, sehr geehrte Frau Tananarive". In Liberia lautete der Fauxpas: *Sehr geehrte Damen und Herren, liebe Neger.* In der japanischen Stadt Osaka sagte er den viel belachten Satz: *Ich freue mich in Okasa (Potenzmittel) zu sein.* Diese und viele andere rhetorische Pannen machten ihn zur Lachnummer der Nation. Erst nach seinem Tod wird bekannt, dass er an einer progressiven Zerebralsklerose litt. Manch einer, der sich seinerzeit über ihn amüsierte, bekommt Mitleid.

*

Die Gewalt nimmt in Nordirland kein Ende. Die IRA wirft einer jungen, schwangeren Frau vor, mit den Polizeibehörden zusammengearbeitet zu haben. Aus Rache wird die Kollaborateurin am 8. April geschlagen, geteert und gefedert. Dieser Rückfall in mittelalterliche Strafpraktiken ruft Entsetzen hervor.

*

Zum ersten Mal seit 1952 betritt die Filmikone Charlie Chaplin wieder amerikanischen Boden. Als er in jenem Jahr England einen Besuch abstattete, wurde gegen ihn ein Verfahren wegen subversiver Umtriebe begonnen. Gleichzeitig verbot man ihm die Rückkehr in die USA. Die Initiatoren dieser Aktion waren der Senator Joseph McCarthy sowie der selbstherrliche FBI-Boss Edgar Hoover. Der paranoide McCarthy nannte Charly Chaplin einmal *einen von Hollywoods Salonbolschewiken*. Die politisch motivierte Hetzjagd tat der Popularität des weltberühmten Komikers keinen Abbruch. Am 10. April 1972 erhält er von der US-amerikanischen Filmakademie den Ehren-Oscar. Wenige Wochen später stirbt sein Erzfeind Hoover an Herzversagen.

*

In Hamburg verstirbt am 12. April im Alter von 57 Jahren Kurt W. Marek, alias C. W. Ceram, im Gefolge eines Kreislaufkollapses. Er war ein begnadeter Sachbuchautor, der Weltbestseller schrieb. Mit seinem in 28 Sprachen übersetzten Weltbestseller „Götter, Gräber und Gelehrte" machte er die Archäologie populär. Die Gesamtauflage betrug fünf Millionen Exemplare. Sein Sachbuch „Der erste Amerikaner", eine Geschichte der prähistorischen Indianerkulturen Nordamerikas, erschien kurz vor seinem Tod und kletterte sofort auf die Top-Positionen der Bestsellerlisten.

*

Im Vorfeld der Olympiade sorgt sich München um den moralischen Ruf der bayrischen Metropole. Deshalb werden die Dirnen-Sperrbezirke in der Innenstadt ausgedehnt. Vorerst dürfen Freier nur noch tagsüber den Liebesdienst im Bordell „Leierkasten" am Hauptbahnhof und in drei anderen Eros-Betrieben in Anspruch nehmen. Die staatliche Intervention ruft Proteste der Damen des horizontalen Gewerbes hervor, was als Münchner Dirnenkrieg bezeichnet wird. Die Prostituierten und Bordellbetreiber versuchen ihre Gewerbefreiheit rechtlich zu erstreiten. Das Verwaltungsgericht entspricht ihrem Antrag auf Erlass einer einstweiligen Anordnung nicht. Der Münchner Polizeipräsident Manfred Schreiber betrachtet die Maßnahmen der Ordnungsbehörde auch aus präventiver Sicht. Er hofft, *dass die Dirnen, die die Fahrkarte nach München schon haben, ihre Koffer wieder auspacken.*

*

Am 16. April 1972 verlässt das Raumschiff Apollo 16 das Kennedy Space Center in Richtung Mond. An Bord befinden sich der Kommandant John Young, der Pilot der Mondlandefähre Charles Duke sowie der Pilot der Kommandokapsel Ken Mattingly. Mit sechs Stunden Verspätung kommt die Landefähre dann auf dem Capley-Hochland des Mondes an. Dort wird das Mondauto für die drei

Außenbordeinsätze startklar gemacht. Diese dienen der Durchführung wissenschaftlicher Experimente und der Entnahme von Bodenproben. Das riskante Unternehmen gelingt. Als Young und Duke wieder in die Kommandokapsel zurückgelangt sind, muss man die Mondfähre kontrolliert abstürzen lassen. Die widerborstige Fähre stürzt jedoch nicht ab, sondern bewegt sich noch ein Jahr in der Mondumlaufbahn. Dann endlich stürzt sie ab und zerschellt auf dem Mondboden. Auf dem Rückflug begibt sich Mattingly auf einen eineinhalbstündigen Außenbordeinsatz. Während dieses Manövers entwischt sein Ehering, den er zuvor an Bord verloren hatte durch die offene Ausstiegsluke aus der Kommandokapsel, prallt an ihm ab und treibt ins Bordinnere zurück, wo ihn Duke zu fassen bekommt. Mit 95,8 Kilogramm Mondgestein landet das Raumschiff am 27. April im Pazifik, wo es von einem US-Flugzeugträger an Bord gehievt wird.

*

Es sind fast vier Jahre her, seit die Sowjetunion mit Verbündeten in die Tschechoslowakei einmarschiert ist und dem Prager Frühling ein blutiges Ende bereitet hat. Dieser militärische Gewaltakt hat der tschechoslowakischen Kollektivseele eine schlimme Verwundung zugefügt. Im April 1972 ergibt sich die Gelegenheit einer Revanche. Nicht militärisch, sondern sportlich, als in Prag die 39. Eishockey-Weltmeisterschaft ausgetragen wird. Das okkupierte Land steht geschlossen hinter seinem Eishockey-Team. Überall wird es mit größter Begeisterung begrüßt und begleitet. Am 20. April findet in Prag das entscheidende Spiel gegen die verhassten Russen statt. Die Sowjetunion, das scheinbar

unschlagbare Team, unterliegt der Tschechoslowakei mit
3:2. Emotionale Dämme brechen. Eine Psychokatharsis er-
fasst die verletzte Nation. Ein Journalist berichtet: *Niemals
wieder habe ich so eine Stimmung erlebt, solche Gefühle bei
der Natinalhymne, solch eine Atmosphäre beim Verlassen
der Eishalle.* Aus dem sportlichen Spiel ist ein Politspiel
geworden. Nach neun Weltmeistertiteln in Folge ist die
Sowjetunion entthront. Das Eishockey-Wunder von Prag
1972 gleicht dem deutschen Fußball-Wunder von Bern1954.

*

Die Wiederaufnahme der US-amerikanischen Bombenangriffe im Krieg gegen Nordvietnam enttäuscht die Friedenssehnsucht vieler junger US-Bürger. Deshalb wird am
20. April an vielen amerikanischen Universitäten gegen die
Vietnampolitik der US-Regierung protestiert. Es kommt zu
massiven Auseinandersetzungen zwischen Studierenden
und Sicherheitskräften. Im Brennpunkt des Geschehens
befindet sich die Elite-Hochschule Harvard in Cambridge
(Massachusetts). Einen Tag später wird der Beschluss gefasst, an allen US-amerikanischen Universitäten den Lehr-
betrieb zu bestreiken.

*

In der letzten Aprilwoche werden in Oberhausen die 18.
Westdeutschen Kurzfilmtage veranstaltet. 150 Filme aus
28 Ländern stehen zur Beurteilung an. Den umfangreichs-
ten Beitrag liefert Jugoslawien. Der Film „Sonderzüge", der
von jugoslawischen Gastarbeitern in Deutschland handelt
und von Krsto Papić gedreht worden ist, erhält den ersten

Preis. Besonders prämiert werden auch „Ein Tag mehr" von Vlatko Gilić (Jugoslawien), „Vorstadt" von Lordan Zafranović (Jugoslawien), „Ein Traum von einem Haus" von István Szabó (Ungarn) und der WDR-Fernsehfilm „Rote Fahnen sieht man besser" von Rolf Schübel.

*

Man ahnt, dass die Opposition die Regierung Brandt/ Scheel zu stürzen beabsichtigt. Brandt bleibt cool. Vor Ostern schreibt er an Scheel: *Freund Barzel scheint wegen eines Misstrauensvotums sehr zu zögern, denn er muss damit rechnen, dass ihn einige der eigenen hereinlegen könnten.* Ein Bauchgefühl bestärkte ihn darin, wie er später schreibt: *Eine innere Stimme signalisierte mir, ohne bestimmte Hinweise und trotz Scheels Pessimismus, dass Barzel kein Erfolg beschieden sein werde.* Auf Druck von Franz Josef Strauß bringt die CDU/CSU-Fraktion ihren Antrag auf ein konstruktives Misstrauensvotum ein. Bundesweit finden Protestveranstaltungen gegen den drohenden Kanzlersturz statt. Empörung macht sich breit. Der Schriftsteller Peter Rühmkorf notiert: *Die Sensation vom Tage. ,Konstruktives Misstrauensvotum' von CDU/CSU gegen die herrschende SPD/FDP-Koalition. Was daran ,konstruktiv' sein soll, entlarvt sich als pure Destruktion, wenn man unsere bayerischen Schmierenkomödianten Strauß und Stücklen ihre kaum noch kaschierte Wut abrotzen sieht. Diese Bayern und ihre seit Nazizeiten unverminderte Zusammenscheiß- und Heruntermachrhetorik. Brandt und Scheel dagegen wie seriöse Firmeninhaber.* Am 27. April tritt der Bundestag zusammen, um über das Schicksal der sozialliberalen Koalition und damit über die Ostpolitik abzustimmen.

Es gibt eine gefühlte Mehrheit der Wähler für die Ostverträge, aber keine Mehrheit im Bundestag, weil die Opposition wegen der Überläufer numerisch mehr Abgeordnete auf ihrer Seite hat. Nur wenige Optimisten hoffen auf das Wunder, dass nicht alle Abgeordnete der Opposition für den Misstrauensantrag stimmen. Sie werden bestätigt. Um 13.22 Uhr gibt der Bundestagspräsident das Ergebnis der Abstimmung bekannt. Statt der notwendigen 249 haben nur 247 Abgeordnete für den Antrag gestimmt. Barzel, der Oppositionsführer und Möchte-gern-Kanzler, saß da wie ein begossener Pudel. Bei den sozial- und freidemokratischen Abgeordneten und auf der Regierungsbank bricht Jubel aus. Ebenso draußen in der Öffentlichkeit. Man ist erleichtert, denn die sozialliberale Koalition kann weiterregieren. Rühmkorf fliegt an diesem Tag nach Berlin. In seinem Tagebuch ist zu lesen: *Panam-Flug mit E. Nach Berlin. Dort der Taxifahrer als erstes, er rauche nicht, um dieser Regierung keine Steuern zukommen zu lassen. Auf dem Beifahrersitz ‚National- und Soldatenzeitung' ... Mittags Bundestagsdebatte im Hotelradio, wobei E. auf einmal unwiderstehlichen Hunger kriegte, der auch auf mich übergriff. Suchten vergeblich nach einer Kneipe oder Restaurant mit Fernseher, dann zu Schlenz (Apparat kaputt), dann im Geschwindmarsch wieder zurück ins Hotel, wo von Hassel gerade verkündete, dass Barzel gescheitert sei.*

*

Im Hinspiel des EM-Viertelfinales trifft am 29.4.1972 die deutsche Fußball-Nationalmannschaft in London auf England. Ein Punktgewinn im Wembley-Stadion auf England erscheint unmöglich. England hat in seiner Länderspiel-

Geschichte zu Hause bisher sehr selten verloren. Außerdem sind einige ältere deutsche Stammspieler verletzt, was die Gewinnchance zusätzlich verringert. Notgedrungen muss der Bundestrainer Helmut Schön seine Mannschaft stark verjüngen. Zu seinen Youngstern gehören die zwanzigjährigen Uli Hoeneß und Paul Breitner. 22 Millionen Deutsche sitzen vor dem Fernseher und erwarten nichts Gutes. Das Spiel widerlegt alle Befürchtungen. Deutschland dominiert auf dem heiligen Wembley-Rasen und liefert eine super Leistung ab. England verliert mit 1:3. Zum ersten Mal siegt Deutschland auf englischem Rasen. Die deutschen Fans skandieren: *Hi-ha-ho – England ist k.o!* Franz Beckenbauer und Günter Netzer versetzen die Fußballwelt ins Staunen. Eine glanzvolle Fußballära beginnt.

*

Am 29. April gehen Menschen, die gleichgeschlechtliche Liebe praktizieren, auf die Straße. Ausgerechnet im katholisch-konservativen Münster findet erstmals eine Schwulendemo statt, an der 200 überwiegend männliche Personen teilnehmen. Sie wird veranstaltet von der Aktionsgruppe „Homophile Studenten Münster". Organisator ist Rainer Plein, der einige Jahre später Suizid begeht. Dieses öffentliche Coming Out ist mutig und bemerkenswert, war doch männliche Homosexualität nach dem § 175 bis 1969 strafbar. Auf einem der mitgetragenen Plakate steht: *Lieber ein warmer Bruder als ein kalter Krieger.* Die Demonstranten verurteilen die gesellschaftliche Ächtung der Homosexualität und fordern mehr Toleranz und Akzeptanz.

*

Ein neues Sachbuch aus der Feder des Psychoanalytikers Horst Eberhard Richter gehört zu den Bestsellern des Frühjahr 1972: „Die Gruppe. Hoffnung auf einen neuen Weg, sich selbst und andere zu befreien; Psychoanalyse in Kooperation mit Gruppeninitiativen." Dem Werk vorangestellt ist die Erkenntnis, dass eine Gruppe Menschen helfen kann, Einsamkeit und Ohnmacht zu bewältigen. Besondere Bedeutung misst er Initiativgruppen bei, die sich zusammenschließen, um ein gemeinsames Ziel zu erreichen. Nicht selten droht diesen nach einem engagierten Start ein Scheitern, denn auf dem Weg zum Ziel tun sich gruppendynamische Konflikte auf. Aus eigener praktischer Erfahrung zeigt Richter auf, wie man mit psychoanalytischer Begleitung die Zielerreichung realisieren kann. Hier tut sich nach Einschätzung des österreichischen Sozialpsychiaters Hans Strotzka ein neues und wichtiges Feld psychoanalytischer Tätigkeit auf.

Mai

Heut ist der allerletzte Mai
Und der schöne Frühling vorbei.
Wie gut, dass der Mensch nicht weiß, nicht sieht,
An welchem Tag sein Frühling entflieht!
Emil Claar

Der große Temperatursprung bleibt aus. Allzu oft ist der Himmel bewölkt. Und die Wetterfrösche registrieren doppelt so viel Regen wie im langjährigen Mai-Durchschnitt. Von einem Wonnemonat kann nicht die Rede sein.

*

Uwe Seeler spielt am Tag der Arbeit zum letzten Mal für den Hamburger SV, den er trotz lukrativer Angebote aus dem Ausland nie verlassen hat. Eine Weltauswahl ist Gegner des Hamburger Traditionsvereins, der gegen die Superstars 3:7 verliert. Uwe schießt nochmals zwei Tore. *Uuuwe, Uuuwe ...*, schallt es durchs Stadionrund. Mit dem HSV wurde Seeler 1960 Deutscher Meister und 1963 Deutscher Pokalsieger. 72mal trug er das Trikot der Nationalmannschaft, mit der er 1966 Vizeweltmeister und 1970 WM-

Dritter wurde. Keiner beherrschte die Kunst, mit Hecht-kopfbällen und Fallrückziehern Tore zu erzielen, so perfekt wie „Uns Uwe" (plattdeutsch für unser Uwe). Unvergessen bleibt das bekannteste deutsche Fußball-Idol nicht nur als kampfstarker Mittelstürmer, sondern auch als charakter-starker, vorbildlicher Mensch.

*

Die britischen Modedesigner Kathy Buday und Peter Kent präsentieren in London ihre Frühjahrskollektion. Darunter befindet sich ein Produkt, das sie Orgasmus-Hosen nen-nen. Sie werden für beide Geschlechter angeboten. Es sind Beinkleider aus marokkanischem Textil. Über dem Schritt ist eine Vierfarbmusterung in der Art eines Kaleidoskops zu sehen.

*

Der Schriftsteller Martin Walser weilt am 5. und 6. Mai in Stuttgart. Lapidar trägt er in sein Tagebuch ein: *Jetzt ha-ben alle Eichen ihr frisches Grün.* Er weiß wahrscheinlich, dass es lange dauert, bis die Eiche richtig aufwacht und ihr frühlingshaftes Gesicht zeigt. Meist erst spät grünt und blüht dieser Tiefwurzler, der 1000 Jahre alt werden kann.

*

Vor der entscheidenden Abstimmung über die Ostverträge, die am 17. Mai im Bundestags stattfinden wird, ruft der Bundesverband der Vertriebenen (BdV) nochmals zum Widerstand auf. Es wird ihre bedingungslose Ablehnung verlangt. Da es immer wahrscheinlicher wird, dass die Opposition die Ratifizierungsgesetze nicht blockieren wird, gelingt den Vertriebenenfunktionären die gewünschte Mobilisierung nicht. Nur etwa 20000 Menschen kommen zur Protestkundgebung nach Bonn.

*

Die Bundesrepublik Deutschland wird umweltbewusster. Am 10. Mai wird das Abfallbeseitigungsgesetz verabschiedet. In dem Paragrafenwerk wird die Wiederverwertung von Altstoffen besonders betont. Es beginnt das Zeitalter des Recyclings. Willy Brandt hält auf der Nobelpreisträger-Tagung in Lindau einen Vortrag über „Umweltschutz als internationale Aufgabe". Er weist auf die Gefahren hin, die aufgrund epidemischer Achtlosigkeit unsere Lebensgrundlagen bedrohen. Seine Kernbotschaft lautet: *Wir müssen künftig auf manches verzichten, was ökonomisch rentabel, aber gesellschaftlich bedenklich ist.* Die Umweltproblematik setzt einen Einstellungs- und Wertewandel in Gang.

*

Die englische Rockband Rolling Stones bringt am 12. Mai das Album „Exile on Main Street" auf den Markt. Es ist ihr zehntes und wird sofort ein großer Verkaufserfolg. Man sagt, es sei der absolute Höhepunkt des Rock ‚n' Roll. Das Geld, das ihnen zufließt, brauchen sie dringend, um ihre hohen Schulden zu begleichen.

*

In Litauen, das 1940 mit Billigung Hitlers in die Sowjetunion gewaltsam eingegliedert wurde, übergießt sich der katholische Arbeiter Roman Talanda am 14. Mai mit Benzin und zündet sich an. Ort des Geschehens ist die Stadt Kaunas. Es soll ein Protest gegen die Unterdrückung der katholischen Religion sein. Die Selbstverbrennung löst blutige Unruhen aus. Tausende Jugendliche gehen auf die Straße und rufen: *Freiheit für Litauen*. Im Verlauf der Unruhen sterben zwei Polizisten. Es werden 800 Protestierer festgenommen. An der Niederschlagung der Protestaktionen ist eine Spezialeinheit des sowjetischen Geheimdienstes KGB beteiligt, die wegen ihres aggressiven Auftretens „Wilde Division" nennt.

*

Am 15. Mai wird der 20jährige Kochlehrling Erwin Hagedorn aus Eberswalde vom 1. Strafsenat des Bezirksgerichts Frankfurt/Oder wegen mehrfach vollendeten und mehrfach vorbereiteten Mordes sowie sexuellen Missbrauchs von Kindern zum Tode verurteilt. Einem Antrag der Eltern auf Revision wird nicht stattgegeben. Ebenso wird ein Gnadengesuch an den Staatsratsvorsitzenden Walter Ulbricht abgelehnt. Vier Monate später wird das Urteil in der Justizvollzugsanstalt Leipzig durch einen unerwarteten Nahschuss in den Hinterkopf vollstreckt. Es ist die letzte zivile Hinrichtung in der DDR.

*

Im Bundestag werden am 17. Mai mit 248 Stimmen der sozialliberalen Koalition die Ostverträge gebilligt. Der

Großteil der CDU/CSU enthält sich der Stimme. Neun Unionsabgeordnete und ein FDP-Abgeordneter stimmen dagegen. Sowohl diese Abgeordneten als auch sieben weitere Mitglieder der Unionsfraktion lehnen den Vertrag mit Polen ab. Die CDU/CSU gibt ihre Blockadehaltung auf, weil in einer gemeinsamen Entschließung festgestellt wird, dass mit der Ratifizierung ein Friedensvertrag nicht vorweggenommen wird und das Selbstbestimmungsrecht der Deutschen erhalten bleibt. Bei der Abstimmung im Bundesrat enthalten sich die unionsgeführten Bundesländer ebenfalls der Stimme. Auch der Bundesrat billigt zwei Tage später die Ostverträge. Am 3. Juni treten sie endgültig in Kraft, ebenso das Vier-Mächte-Abkommen über Berlin. Der positive Ausgang der Abstimmungen sorgt weltweit für wohltuende Erleichterung.

*

Das gesellschaftskritische Bühnenstück „Die neuen Leiden des jungen W." des DDR-Autors Ulrich Plenzdorf wird am 18. Mai in Halle/Saale uraufgeführt. Hauptfigur ist der 18jährige Lehrling Edgar Wibeau, der trotz seiner sehr guten Schulleistungen seine Ausbildung abbricht. Der Aussteiger verlässt seine muffige Kleinstadt und zieht nach Ost-Berlin. Dort zieht er in ein Gartenhaus, das sich auf einem Abbruchgelände befindet. Auf dem Plumpsklo dieses Refugiums findet er die Reclam-Ausgabe von Goethes „Leiden des jungen Werther". Er identifiziert sich mit der klassischen Bezugsfigur. Seine Liebe ist nicht die goethesche Charlotte, sondern die Erzieherin Charlie, die in einem nahegelegenen Kindergarten arbeitet. Charlie motiviert ihn, das Herumlungern zu beenden und in einer Baubrigade als

Anstreicher zu arbeiten. Eines Tages nimmt er ein kreatives Projekt in Angriff, das seinem Kollege Addi misslungen ist. Er will ein *nebelloses Farbspritzgerät* entwickeln. Als die Konstruktion abgeschlossen ist, unternimmt er einen Anwendungstest. Dabei stirbt er an einem Stromschlag. Das Stück ist ein Riesenerfolg. Im Westen wundert man sich, dass das Stück trotz des kritischen Inhalts aufgeführt werden darf. Wahrscheinlich, so die Vermutung, hängt es mit dem Führungswechsel in der DDR-Politspitze zusammen. Der neue Vorsitzende des Staatsrats der DDR hatte im Dezember 1971 verkündet: *Wenn man von der festen Position des Sozialismus ausgeht, kann es meines Erachtens auf dem Gebiet von Kunst und Literatur keine Tabus geben.* Ob dieses Tauwetter lange anhält, bezweifelt man.

*

Trotz der Tatsache, dass die USA gegen das von der UDSSR unterstützte Nordvietnam einen blutigen Krieg führen, reist Präsident Nixon am 22. Mai nach Moskau. Während seines Staatsbesuchs unterzeichnen er und der KPDSU-Parteichef Leonid Breschnew den SALT-Vertrag über die Begrenzung der strategischen Rüstungen. Nixon erhält die Gelegenheit, am 28. Mai eine Rede im sowjetischen Fernsehen zu halten. Er verspricht den Sowjetbürgern eine friedliche Koexistenz und wirtschaftliche Zusammenarbeit.

*

Im Verlauf des Mai hält die Rote-Armee-Fraktion die Bundesrepublik Deutschland immer mehr in Atem. Ihre von kommunistischen Idealen beseelten Mitglieder meinen es ernst. In der Zeit vom 11. Mai bis zum 24. Mai verüben sie sechs Sprengstoffanschläge. Ihre Mai-Offensive, deren Ziel der gewaltsame Umsturz ist, beginnt mit einem Bomben-Anschlag auf das Hauptquartier des V. US-Korps in Frankfurt. Es gibt einen Toten und 13 Verletzte. Es folgt ein Anschlag auf die Polizeidirektion Augsburg mit sieben Verletzten. Drei Tage später explodiert unter dem VW des Karlsruher Bundesrichters Wolfgang Buddenberg eine Bombe. Dessen Frau wird dabei schwer verletzt. Am 19. Mai ist das Hamburger Verlagshaus Springer Terrorziel. Es sind 38 Verletzte zu beklagen. Höhepunkt der Terrorserie ist ein Autobomben-Angriff auf das Heidelberger Hauptquartier der US-Landstreitkräfte in Europa. Drei Menschen kommen zu Tode, fünf werden verletzt. Für die RAF-Terroristen sind die Gewalttaten die gerechte Antwort auf die Kriegführung der US-Amerikaner in Vietnam.

*

Das Bundeskriminalamt beziehungsweise sein Präsident Horst Herold reagiert auf die Mai-Offensive der Roten Armee Fraktion mit einer breit angelegten Fahndungsaktion. Für die „Aktion Wasserschlag" erhält das BKA spezielle Vollmachten. Die Großfahndung mit zahlreichen Personenkontrollen findet am letzten Mai-Tag in ganz Deutschland statt. Sie bleibt vorerst erfolglos. Durch den „Wasserschlag", so Herolds Überlegungen, sollen die „RAF-Fische" aufgescheucht und somit sichtbar werden.

*

Die amerikanische Science-Fiction-Serie „Star Trek" startet unter dem Titel „Raumschiff Enterprise" im Zweiten Deutschen Fernsehen. Im Vorspann heißt es: *Der Weltraum, unendliche Weiten. Wir schreiben das Jahr 2200. Dies sind die Abenteuer des Raumschiffs Enterprise, das mit seiner 400 Mann starken Besatzung fünf Jahre lang unterwegs ist, um neue Welten zu erforschen, neues Leben und neue Zivilisationen. Viele Lichtjahre von der Erde entfernt, dringt die Enterprise in Galaxien vor, die nie ein Mensch zuvor gesehen hat.* Kommandiert wird das Raumschiff vom Captain Kirk und dem Ersten Offizier Mister Spock. Die galaktische Reise ist voller spektakulärer Abenteuer.

*

Im Petersdom wird am 21. Mai gerade die Papstmesse abgeschlossen. Kurz danach überwindet der 34jährige Laszlo Todt, ein Australier ungarischer Abstammung, die Absperrung der Seitenkapelle, in der Michelangelos berühmte Marmor-Statue Pietà steht. Es ist die trauernde Gottesmutter mit dem toten Jesus im Arm. Auf dieses einzigartig schöne Kunstwerk schlägt Todt mit einem Hammer ein und ruft: *Jesus ist auferstanden. Ich bin Jesus!* Obwohl er rasch überwältigt werden kann, hat er einen gravierenden Schaden erzeugt. Die Madonna verliert einen Arm, hat einen Nasenbeinbruch und Risse am Kopf. Der geistesgestörte Attentäter wird in eine psychiatrische Klinik eingeliefert. Alsbald macht sich ein Team von Restauratoren an die Arbeit und repariert das Kunstwerk originalgetreu.

*

Alfred Hitchcock schafft noch einmal ein cineastisches Meisterwerk: „Frenzy", ein Film, der tief unter die Haut geht. Der Thriller wird während der jährlich im Mai stattfindenden Internationalen Filmfestspiele außer Konkurrenz uraufgeführt. Ein Triebverbrecher hat alleinstehende Frauen im Visier. Er erdrosselt sie mit Krawatten. In London geht die Angst um. Zu Unrecht verdächtigt wird Richard Blaney, dessen geschiedene Ehefrau Brenda eines der Opfer des Krawattenmörders ist. Der Verdächtigte gerät in Panik und versteckt sich mit seiner Freundin. Die Polizei fasst ihn, und das Gericht verurteilt ihn in einem Indizienprozess. Er entkommt mittels eines Tricks aus dem Gefängnis und macht sich selbst auf die Suche nach dem wahren Mörder. Es gelingt ihm schließlich, diesen zur Strecke zu bringen.

*

Am 29. Mai verfasst der deutsche Schriftsteller, Journalist und Drehbuchautor Erich Kästner einen Geburtstagsbrief an die ebenso berühmte Kinderbuchautorin Astrid Lindgren, obwohl sie erst im kommenden November 65 Jahre alt wird. Wahrscheinlich ist ihr Geburtsdatum im chronologischen Bereich seines Langzeitgedächtnisses fehlerhaft gespeichert worden. Er schreibt: *Meine besten Glückwünsche zu Ihrem neuen Geburtstag, obwohl ich gar nicht weiß, warum man einander gratuliert, wenn man schon wieder älter wird. Aber unter Kollegen, die Bücher für Kinder schreiben, ist das vielleicht und dazu zu Recht etwas anderes.*

Juni

Der Juni kam. Lind weht die Luft.
Geschoren ist der Rasen.
Ein wonnevoller Rosenduft
Dringt tief in alle Nasen.
Wilhelm Busch

Von wegen meteorologischer Sommerbeginn. Vielerorts ist es wolkig mit regnerischen Phasen. Auf der Zugspitze beträgt die Schneehöhe noch 203 cm. Während des Monats Juni gibt es 215 Sonnenscheinstunden. Diese Anzahl liegt 30 Stunden unter dem langjährigen Durchschnitt.

*

Der „Wasserschlag" des BKA-Chefs Herold zeitigt Wirkungen. Am 2. Juni werden Andreas Baader, Holger Meins und Jan-Carl Raspe in Frankfurt festgenommen. Und zwar in einer Garage am Hofeckweg in der Nähe des Hessischen Rundfunks. Ein Anwohner hat der Polizei zuvor einen Tipp gegeben. Fünf Tage später geht Gudrun Ensslin in einer Hamburger Boutique der Polizei in die Fänge. Eine Verkäuferin entdeckt Ensslins Revolver in deren abgelegter

Lederjacke, während diese in der Umkleide ein neues Kleidungsstück anprobiert. Heimlich ruft sie die Polizei an und fragt: *Hier ist jemand, der eine Pistole in der Tasche hat. Ist es überhaupt richtig, dass ich Sie anrufe?* Die Terroristin bemerkt nichts und sieht sich in der Boutique weiter um. Trotz heftiger Gegenwehr kann sie nach dem Eintreffen der Polizei festgenommen werden. Mitte Juni wird Ulrike Meinhof in Hannover verhaftet. Sie übernachtet mit dem RAF-Genossen Gerhard Müller in der Wohnung des Lehrers Fritz Rodewald, der gelegentlich desertierten US-Armeeangehörigen Unterschlupf gewährt. Ihren Namen möchte sie nicht nennen. Rodewald schöpft Verdacht und wendet sich an das Landeskriminalamt. Auch diesmal gelingt der Polizei die Festnahme, ohne dass sie von der Schusswaffe Gebrauch machen muss. Die Führung der Bader-Meinhof-Gruppe sitzt jetzt hinter Gittern.

*

Aggression im Kleinen und im Großen führt immer wieder dazu, dass Wissenschaftler nach dem Warum gefragt werden. Unter denjenigen, die Antworten geben, dominieren Verhaltensforscher wie Konrad Lorenz oder Psychoanalytiker wie Alexander Mitscherlich. Beide stimmen darin überein, dass der Aggression ein angeborener Trieb schicksalhaft zugrunde liegt. Deshalb könne man ihn nicht beseitigen, sondern allerhöchstens kanalisieren und sublimieren. Dieser pessimistischen Auffassung widersprechen lerntheoretisch ausgerichtete Psychologen heftig. Der Psychologie-Professor Herbert Selg hat zusammen mit Kollegen jüngst ein Buch veröffentlicht: „Zur Aggression verdammt? Psychologische Ansätze einer Friedensforschung."

Ihre Erkenntnisse fußen auf überprüfbaren Forschungsergebnissen. Ihr Fazit lautet: Aggression ist nicht angeboren, sondern wird im Werdeprozess der menschlichen Entwicklung erlernt. Sie werfen der Verhaltensforschung und der Psychoanalyse mangelnde Wissenschaftlichkeit vor. Sie fordern diese auf, eine Zeit lang zu schweigen und derweil erfahrungswissenschaftlich gesicherte Forschungsarbeit zu leisten.

*

Die Weltöffentlichkeit blickt am 4. Juni nach San José in Kalifornien. Dort wird im Prozess gegen die US-amerikanische Bürgerrechtlerin und Soziologin Angela Davis die Verkündigung des Urteils erwartet. Sie wird vom FBI und der US-Justiz des Mordes, des Menschenraubes und der terroristischen Verschwörung beschuldigt. Sie soll an einer gescheiterten Gefangenenbefreiung, die am 7. August 1970 stattfand, durch die Beschaffung von Waffen beteiligt gewesen sein. Sie saß längere Zeit in Untersuchungshaft, aus der sie am 14. Februar 1972 nach Zahlung einer Kaution entlassen wurde. Sie beteuert ihre Unschuld. Eine mächtige Welle der Solidarität entsteht. In der Bundesrepublik Deutschland wird vielerorts für die Beschuldigte demonstriert. In der DDR beteiligen sich viele an der Aktion „Eine Million Rosen für Angela Davis". Was man erhofft, womit aber mancher nicht gerechnet hatte, wird Wirklichkeit. Davis wird von einer weißen Jury in allen Anklagepunkten freigesprochen.

*

Die sexuelle Revolution nimmt unaufhaltsam ihren Lauf. In einem New Yorker Kino wird am 12. Juni der Film „Deep Throat" uraufgeführt. Regisseur ist Gerard Damiano, Hauptdarsteller sind Linda Lovelace und Harry Reems. Ausgangspunkt des Films ist Lindas frustrierendes Sexualleben. Sie hat bisher keinen Orgasmus erlebt. Ihre Freundin Helen empfiehlt ihr eine Konsultation bei Dr. Young. Der Sexualspezialist findet heraus, dass ihre Klitoris sich nicht am vorderen Ende der kleinen Schamlippen befindet, sondern in der Kehle. Folglich könne sie nur durch tiefen Oralsex zum Höhepunkt gelangen. Auf dem Weg dorthin sei nur ein wenig Übung vonnöten. Linda setzt Dr. Youngs Therapie-Empfehlung mit seiner praktischen Hilfe erfolgreich in die Tat um. Er macht sie zu seiner sexologischen Assistentin. Einer ihrer Patienten wird letztlich ihr Mann. Trotz heftiger Proteste und juristischer Interventionen wird der Film zum großen Erfolg. Und in den ganz normalen Kinos beginnt der Porno-Chic-Boom.

*

Auch die Rockmusik macht immer wieder skandalös von sich reden. Fast zeitgleich mit Deep-Throat-Premiere erscheint David Bowies Glam-Rock-Album „The Rise and Fall of Ziggy Stardust and the Spiders from Mars". Es ist die Story vom drogen- und sexsüchtigen Ziggy Stardust, der den Menschen die Botschaft von Liebe und Frieden nahebringt, aber wegen seines lasterhaften Lebens Schiffbruch erleidet. Boowie tritt mit rot gefärbten Haaren, extravaganter Kleidung und androgynem Habitus auf. In dieser Rolle widerspiegelt sich seine eigene Person.

*

Der Großteil der Schriftsteller kann von den Buchhonoraren allein nicht leben. Diese prekäre Situation hatte schon 1839 der Künstler Carl Spitzweg im Gemälde „Der arme Poet" zum Ausdruck gebracht. Um die soziale Lage der Schriftsteller zu verbessern, verabschiedet der Deutsche Bundestag ein Gesetz zur Änderung des Urheberrechts. In Zukunft erhalten die Autoren aus der Zweitverwertung ihrer Sprachwerke eine Vergütung. Zur Zweitverwertung gehören beispielsweise der Nachdruck in Schulbüchern oder die Ausleihe in Bibliotheken.

*

In der Monatsmitte kommt der kubanische Revolutionsführer Fidel Castro zum Staatsbesuch in die DDR. Der sozialistische Bruderstaat bereitet Castro einen begeisterten Empfang. Er erhält den Orden des Großen Sterns der Völkerfreundschaft mit der Begründung: *Für Ihren Kampf gegen den Imperialismus und für die Freundschaft und die Verständigung zwischen den Völkern, für Ihren Beitrag zum Frieden und zum Sozialismus in der Welt.* Castro lobt die Grenztruppen, die an der Berliner Mauer und entlang der Staatsgrenze die Errungenschaften des DDR-Sozialismus schützen. Während seines Aufenthalts gibt er bekannt, dass eine kleine kubanische Insel in Erinnerung an den prominentesten deutschen Kommunisten, der von den Nationalsozialisten im KZ Buchenwald ermordet wurde, fortan Cayo Ernst Thälmann heißt.

*

Am 17. Juni werden im 6. Stock des Watergate-Hotels in Washington D. C. fünf Männer festgenommen, die in das

Wahlkampf-Hauptquartier der Demokratischen Partei der USA eingebrochen sind. Möglicherweise ist der Auftraggeber das Komitee zur Wiederwahl von Präsident Nixon. Die Einbrecher sind mit Minikameras, Walkie-Talkies und Abhörgeräten ausgerüstet. Ihr Ziel ist es, im Quartier Abhörwanzen zu platzieren und Dokumente abzulichten. Unter den Festgenommenen ist James W. McCord, Sicherheitsdirektor des Komitees. Bald werden die Drahtzieher der kriminellen Aktion ermittelt. Es handelt sich um Everett Howard Hunk, früherer CIA-Agent, und George Gordon Liddy, ehemaliger FBI-Agent und Mitarbeiter des Präsidentenberaters Charles Colson. Gegen diese Hintermänner und das Einbruch-Quintett wird Anklage erhoben. US-Präsident Nixon leugnet eine Verwicklung vehement ab: *Ein solcher Vorfall hat keinen Platz in unserer Wahlkampagne und ebenso wenig im Verhalten der Regierung. Das Weiße Haus hat damit nichts zu tun.* Dieser Aussage glauben zunächst viele US-Bürger. Am 7. November erringt Nixon mit 63% der Stimmen einen grandiosen Wahlsieg und wird somit wiedergewählt.

*

Schon 1965 brachte der Protestsänger Barry McGuire im Song „Eve of destruction" einen eklatanten Widerspruch auf den Punkt:

The eastern world, it is explodin`
Violence flarin`, bullets loadin`
You are old enough to kill but not votin`

Mit 18 Jahren ist man wehrpflichtig, man darf sich aber nicht an demokratischen Wahlen durch Stimmabgabe beteiligen. Was McGuire beklagt, trifft nicht nur auf die USA, sondern auch auf die Bundesrepublik Deutschland zu. Deshalb werden in der zweiten Hälfte der sechziger Jahre die Forderungen nach Absenkung des Wahlalters immer lauter. Weil sie vor allem aus den Reihen der SPD erhoben werden, werfen Konservative ihr vor, dadurch ihren Stimmanteil vergrößern zu wollen. Nachdem der Bundestag am 18. Juni 1970 durch eine Grundgesetzänderung den Weg für die Absenkung des Wahlalters frei gemacht hat, wird zwei Jahre später das Wahlrecht an diese Verfassungsänderung angeglichen. Die 18- bis 20jährigen dürfen bei der kommenden Bundestagswahl ihre Stimme abgeben. Willy Brandt freut sich, denn schon in seiner Regierungserklärung vom 28. Oktober 1969 prägte er das Motto „Wir wollen mehr Demokratie wagen".

*

Laut Artikel 4.3 des Grundgesetzes hat jeder das Recht, den Kriegsdienst mit der Waffe aus Gewissensgründen zu verweigern. Viele junge Deutsche, die in der Bundesrepublik davon Gebrauch machen, werden oft diffamiert. Vor allem von Mitmenschen, die in der Zeit der Nazidiktatur aufgewachsen sind. Ein Betroffener berichtet von einer Beschimpfung, die er selbst erlebt hat: *Du Drückeberger, Du Kommunist, geh doch rüber in den Osten.* Dies schmerzt die Kriegsdienstverweigerer, da sie in Krankenhäusern, Altenheimen, im Rettungs- und Krankentransport oder in Einrichtungen für Behinderte wertvollen Dienst an der Gesellschaft leisten. Die sozialliberale Regierungskoalition ist deshalb um eine Reform des Zivildienstes bemüht. Am 23. Juni beschließt der Bundestag eine Änderung des

Zivildienstgesetzes. So wird der abwertende Begriff „Ziviler Ersatzdienst" in „Zivildienst" umgewandelt. Seine Dauer wird von 18 auf 15 Monate verkürzt. Es wird ein Bundesamt für den Zivildienst als selbständige Bundesoberbehörde geschaffen. Außerdem wird es künftig einen Bundesbeauftragten für den Zivildienst geben, der seinen Sitz im Bundesministerium für Arbeit und Sozialordnung hat und dem Staatssekretär unmittelbar unterstellt ist.

*

Die deutsche Nationalmannschaft glänzt mit Traumfußball. Sie wird Europameister und versetzt die deutsche Fußball-Seele in einen manischen Zustand. Im Endspiel, das im Brüsseler Heysel-Stadion ausgetragen wird, schlägt sie die Sowjetunion mit 3:1 und zelebriert einen spektakulären Rasenzauber. Die Experten attestieren dem BRD-Team absolute Weltklasse. Der Tenor lautet: Besser kann man nicht Fußball spielen.

*

Die schwedischen Musiker-Paare Agnetha Fältskog und Björn Ulvaeus sowie Benny Andersson und Anni-Frid Lyngstadt bringen zum ersten Mal gemeinsam eine Single auf den Markt. Der Titel heißt „People Need Love". Dies ist die Geburtsstunde von ABBA, einer der erfolgreichsten Gruppen der Pop-Geschichte. Der Gruppenname ergibt sich aus den Anfangsbuchstaben der Vornamen der vier Gruppenmitglieder.

*

Am 24. Juni wird das Bauerndrama „Stallerhof" des Dramatikers Franz Xaver Kroetz im Malersaal des hamburgischen Schauspielhauses uraufgeführt. Im Mittelpunkt steht die 14jährige geistig behinderte Bauerntochter Beppi, die vom Hofknecht Sepp geschwängert wird. Hauptdarstellerin ist die 17jährige Eva Mattes, die sich über eine halbe Szene dem Theaterpublikum nackt zeigt. Das sozialkritische Stück erzeugt skandalöse Wellen. Die Konservativen verteufeln Kroetz, die Progressiven feiern ihn als den lang ersehnten Newcomer. Eva Mattes erhält den Hamburger Inselpreis als beste Schauspielerin des Jahres 1972.

*

An diesem Samstag wird auch der Deutsche Filmpreis verliehen. In der Kategorie „Beste Regie" erhält ihn der Regisseur Johannes Schaaf für den Film „Trotta". Das zusammen mit Maximilian Schell geschriebene Drehbuch beruht auf Joseph Roths Roman „Die Kapuzinergruft". Hauptfigur ist der junge Offizier Franz Ferdinand Trotta. Dieser kehrt nach dem Ende der k. und k. Monarchie aus russischer Gefangenschaft nach Wien zurück. Was er vorfindet, setzt seiner Seele sehr zu. Das Kaiserreich ist passé. Sein Vermögen ist kaputt gegangen. Und seine junge Ehefrau ist mit einer lesbischen ungarischen Künstlerin liiert. Trotta ist es derart melancholisch zumute, dass er sich im Wienerwald das Leben nehmen möchte. Die Absicht kann er aber nicht in die Tat umsetzen, da er seine Pistole verloren hat.

*

Am 25. Juni wird der schottische Handelsvertreter Ian McLeod in Stuttgart im Zuge einer Fahndungsaktion erschossen. Irrtümlicherweise wird er für ein Mitglied der Roten Armee Fraktion gehalten. Als morgens um 6.30 Uhr Polizeibeamte in sein Appartement eindringen, öffnet McLeod kurz die Schlafzimmertür und macht sie sofort wieder zu. Daraufhin schießt ein Kriminalobermeister durch die Tür. Eine Kugel trifft den unbewaffneten Schotten tödlich. Bei der Wohnungsdurchsuchung ergeben sich keine Verdachtshinweise auf terroristische Aktivitäten. Auf einer Pressekonferenz spricht der Generalstaatsanwalt von einem tragischen Geschehen. Der Beamte habe in Notwehr geschossen. Erstaunlich rasch schließt die Bundesanwaltschaft die Akte Ian McLeod. Die Eröffnung eines Strafprozesses findet nicht statt. Die Mutter des Opfers erhält 135000 DM Entschädigung.

*

Viele Bürger fühlen sich von den politischen Entscheidungsträgern nicht ausreichend vertreten und beteiligt. Diesen Mangel an demokratischer Mitsprache möchten sie nicht länger hinnehmen. Deshalb treten immer häufiger Bürgerinitiativen in Aktion. Aus konkreten ärgerlichen Anlässen schließen sich die Betroffenen zusammen, um ihre Interessen zur Sprache zu bringen und durchzusetzen. So beispielsweise geschehen, als man in Frankfurt die umweltschädigende Startbahn West plant. Um ihre Position zu verstärken, wünschen sich die Bürgerinitiativen einen überregionalen Dachverband. Gegründet wird er am 24. Juni in Mörfelden bei Frankfurt unter dem Namen Bundesverband Bürgerinitiativen Umweltschutz (BBU). Erster

Vorsitzender ist Hans-Helmuth Wüstenhagen. Mit großer Verwunderung wird zur Kenntnis genommen, dass die Teilnahme an der Gründungsversammlung vom Bundesministerium des Inneren durch die Erstattung von Reisekosten unterstützt wird.

*

Die von Nolan Bushnell und Ted Dabney in Kalifornien gegründete Firma „Atari" bringt das weltweit erste Videospiel auf den Markt. Es heißt Pong und besteht darin, dass ein Punkt sich auf dem Bildschirm hin und her bewegt und von den Spielern mit Hilfe eines Striches zurückbefördert werden muss. Gespielt werden kann es mit einem Pong-Automaten oder mit einem am heimischen Fernseher anschließbaren Gerät. Damit beginnt das Zeitalter der Videogames, mit denen künftig eine Menge Geld verdient wird.

*

Im neuen Münchner Olympiastadion bestreitet der FC Bayern München am 28. Juni sein letztes Saisonspiel gegen den FC Schalke 04. Er liegt in der Tabelle nur einen Punkt vor dem Team aus dem Ruhrpott. Die Begegnung gleicht einem Finale. Zum ersten Mal überträgt die ARD deshalb ein Bundesliga-Spiel live. Nach einer halben Stunde bringt der Däne Johnny Hansen die Bayern in Führung. Kurze Zeit später erhöht Paul Breitner auf 2:0. Bald nach dem Beginn der zweiten Halbzeit schießt Klaus Fischer den Anschlusstreffer für Schalke. Das Spiel wogt hin und her, bis Willi Hoffmann in der 69. Minute die Münchner auf die Siegerstraße bringt. 10 Minuten vor dem Spielende erhöht

Uli Hoeneß auf 4:1. In der letzten Minute fällt das 5:1 durch den Fußballkaiser Franz Beckenbauer. Die Bayern freuen sich zusammen mit ihrem Trainer Udo Lattek über den dritten Gewinn der deutschen Meisterschaft.

*

Am letzten Junitag wird in Kassel die documenta 5 eröffnet. Es ist die international bedeutendste Ausstellung moderner Kunst. Künstlerisch geleitet wird sie vom Schweizer Harald Szeemann. Dieser will die documenta nicht als kunstmuseale Veranstaltung, sondern als Geschehen mit gesellschaftskritischem Akzent verstanden wissen. Deshalb werden nicht nur Kunstprodukte präsentiert, sondern auch Happenings und Performances durchgeführt. Zu Letzterem gehört das „Büro der Organisation für direkte Demokratie durch Volksabstimmung" des Aktionskünstlers, Bildhauers und Zeichners Joseph Beuys. Auch diesmal fühlt sich der konservative Teil der Gesellschaft durch die Kasseler Ausstellung provoziert. Der rechtsradikal gesinnte Bauer Thies Christophersen protestiert auf seine Art, indem er vor dem Museum Fridericianum eine Fuhre Kuhmist abkippt.

*

Die Gastrokritiker Henri Gault und Christian Millau kreieren am 30. Juni den Begriff der Nouvelle Cuisine und verkünden später in ihrer Zeitschrift „Le Nouveau Guide" die zehn Gebote der neuen Kochkunst. Erstes Gebot: Komplizierte Prozeduren sind nicht erwünscht. Zweites Gebot: Damit der natürliche Geschmack der Speisen bewahrt bleibt, dürfen sie nicht zu lang gegart werden. Drittes Gebot: Großenteils sind marktfrische Lebensmittel zu verwenden. Viertes Gebot: Vorgefertigte Gerichte sind zu vermeiden. Fünftes Gebot: Starke Marinaden sind nicht erwünscht. Sechstes Gebot: Fette Soßen sind tabu. Siebtes Gebot: Es sollen verstärkt Rezepte aus der regionalen Küche angewandt werden. Achtes Gebot: Bei der Zubereitung ist modernste Küchentechnik einzusetzen. Neuntes Gebot: Ernährungsphysiologische Fakten sind zu beachten. Zehntes Gebot: Es wird nicht kopiert, sondern kreativ gekocht. Derjenige, der der Nouvelle Cuisine den Weg bereitet, ist der französische Spitzenkoch Paul Bocuse. Sein Wirkungsort ist das Restaurant „L'Auberge du Pont de Collonges" in der Nähe von Lyon.

Juli

Der erste Tag im Juli ist kein wirklicher Sommertag. Es werden durchschnittlich knapp 13° C gemessen. Doch der Monat Juli ist wärmer als im langjährigen Mittel und es regnet weniger.

*

Die Bundespost hat mal wieder die Postgebühren erhöht. Ab dem 1. Juli kosten eine Postkarte 30 Pfennig, ein Brief bis 20 g 40 Pfennig, ein Brief bis 50 g 60 Pfennig, ein Brief bis 100 g 80 Pfennig, ein Brief bis 250 g 110 Pfennig, ein Brief bis 500 g 140 Pfennig und ein Brief bis 1000 g 170 Pfennig.

*

Bundeswirtschafts- und finanzminister Karl Schiller demissioniert verbittert am 2. Juli. Auslösender Anlass ist die Empfehlung der Bundesbank, angesichts des starken Zuflusses von Spekulationsgeldern Devisenkontrollen einzuführen. Das Bundeskabinett stimmt dieser im Gegensatz zu Schiller zu. Daraufhin tritt der Doppelminister zurück. Helmut Schmidt folgt ihm nach und übernimmt beide Ressorts. Schiller rächt sich und wird zum Wahlhelfer der CDU. Zusammen mit Ludwig Erhard warnt er vor der Zerstörung der freien Marktwirtschaft. Nur noch wenige Optimisten glauben, dass die SPD/FDP-Koalition die kommende Bundestagswahl gewinnen kann.

*

Die Gesundheitsexperten schlagen Alarm. Der Drogenkonsum erreicht katastrophale Ausmaße. Immer mehr Jugendliche und junge Erwachsene geraten in Abhängigkeit illegaler Drogen. Beängstigend ist der Drang zu Halluzinogenen wie LSD und zu harten Drogen wie Heroin und Kokain. Die Drogenszene ist nicht mehr auf Großstädte beschränkt, sondern etabliert sich auch in Kleinstädten und Dörfern. Die Zahl der Abhängigen, die den Drogentod sterben, wächst stetig. Für die Behandlung Drogensucht-Kranker fehlen Beratungs-, Therapie- und Rehaeinrichtungen. Ebenso mangelt es an einer wirksamen Drogenprävention. Mit Plakaten und Appellen allein kann dem Drogenkonsum kein Einhalt mehr geboten werden. Der Slogan „Du machst Dich kaputt – der Dealer macht Kasse" ist zwar gut getextet, erzeugt aber nicht den erhofften Präventionseffekt.

*

Die Drogenproblematik thematisiert die Schülerin Juliane Werding in ihrem Song „Am Tag, als Conny Kramer starb". Er handelt von einem Freund, mit dem sie auf der Straße musizierte und den seine Sucht in den Tod trieb. Traurig und zutiefst mitfühlend besingt sie dessen Schicksal. Jeder der vier Strophen folgt der Refrain:

Am Tag, als Conny Kramer starb
und alle Glocken klangen,
am Tag, als Conny Kramer starb
und alle Freunde weinten um ihn,
das war ein schwerer Tag,
weil in mir eine Welt zerbrach.

Mit diesem Song gelangt Werding an die Spitze der deutschen Charts. Sie wird zur beliebtesten Sängerin des Jahres. Die Single wird 1 Million mal verkauft.

*

Auch in den westdeutschen Eliten macht sich ein kritisches Umweltbewusstsein bemerkbar. Prominente wie zum Beispiel der Verhaltensforscher Konrad Lorenz, der Futurologe Robert Jungk, der Journalist Horst Stern, der Zoologe Bernhard Grzimek, der Naturschutzpionier Hubert Weinzierl und der Tierfilmer Heinz Sielmann schließen sich zur „Gruppe Ökologie" zusammen. Am 20. Juli verabschieden sie ein „Ökologisches Manifest" in vier Millionen Exemplaren. Es richtet sich gegen Naturzerstörung und ungezügeltes Wachstum.

*

In Nordirland dreht sich die Gewaltspirale weiter. Am 21. Juli erreicht sie ein Jahresmaximum. Die katholische Untergrundorganisation IRA lässt im Zentrum von Belfast zwischen 14.09 Uhr und 15.30 Uhr 22 Bomben hochgehen. An diesem Bloody Friday sterben neun Menschen und 130 erleiden Verletzungen. Das Zentrum von Belfast weist kriegerische Zerstörungen auf. Der Terroranschlag stößt auch in vielen Kreisen der katholischen Bevölkerung auf Abscheu. Die IRA büßt viele Sympathien ein.

*

Am Abend dieses tropisch heißen Juli-Tages werden im Festspielhaus auf dem Grünen Hügel in Bayreuth die Richard-Wagner-Festspiele eröffnet. Der 42jährige Götz Friedrich, Oberspielleiter an der Ost-Berliner Komischen Oper, debütiert mit einer sozialkritischen Neuinszenierung des „Tannhäuser". Er möchte dem jungen Wagner gerecht werden, der zu der Zeit, als er die Oper kreierte, revolutionär gesinnt war und die „Gewalt der Mächtigen, des Gesetzes und des Eigentums zerbrechen" sehen wollte. Während der kulturliberale Teil des Publikums am Ende der Aufführung applaudiert, buhen die kulturkonservativen Premierenbesucher lautstark. Der CSU-Politiker Franz Josef Strauß bleibt aus Protest dem Staatsempfang fern. Der Festspielchef Wolfgang Wagner bereut es jedoch nicht, den experimentierfreudigen Friedrich als Regisseur engagiert zu haben: *Aber die Buhs die hat es hier schon öfter gegeben. Ärger hin, Ärger her, eine derartige Auseinandersetzung mit dem Werk Richard Wagners musste hier in Bayreuth unbedingt in einer solchen Form erfolgen – über Details kann man natürlich streiten.*

*

Thomas Bernhard schreibt für die Salzburger Festspiele als Auftragsarbeit sein zweites Drama. Es ist „Der Ignorant und der Wahnsinnige". Claus Peymann führt Regie. In dem Stück agieren eine Sängerin, die in Mozarts „Zauberflöte die Königin der Nacht singt, ein Doktor, der über das Sezieren von Leichen doziert und gegen den Kulturbetrieb wettert, und der trunksüchtige, sehbehinderte Vater der Sängerin. Der erste Akt spielt in der Künstlergarderobe der Oper, der zweite im Restaurant „Bei den drei Husaren". Der Regisseur Peymann möchte, dass es am Ende des Stückes im Zuschauerraum für kurze Zeit durch Abschalten des Stroms vollkommen finster wird, weshalb auch die Notbeleuchtung ausgeschaltet werden soll. Obwohl dies feuerpolizeilich bedenklich ist, wird seinem Wunsch bei der Generalprobe entsprochen. Bei der Premiere am 29. Juli hingegen bleiben entgegen einer Zusage die Notlichter an. Daraufhin weigern sich Peymann und das Ensemble, die Aufführung am 4. August zu wiederholen. Man spricht vom Notlicht-Skandal. Bernhard merkt süffisant an: *Eine Gesellschaft, die zwei Minuten Finsternis nicht verträgt, kommt ohne mein Schauspiel aus.*

*

Die Tourismusbranche vermeldet Rekordumsätze. Immer mehr Westdeutsche wollen ihren Urlaub nicht mehr in Balkonien verbringen, sondern verreisen im wahrsten Sinne des Wortes. Es ist längst nicht mehr der pauschale Erholungsurlaub im Alpendorf oder im Hotel am Meer, der außerhalb des eigenen Domizils verbracht wird. Das Spektrum der Urlaubsaktivitäten weist im Sommer 1972 neue Varianten auf, die einen zunehmenden Zuspruch erfahren. Abenteuerlich muten die Angebote Rotel Tours an. Die Touristen reisen in rollenden Hotels. Darunter versteht man Busse, denen aus Schlafkojen bestehende Anhänger angekoppelt sind. Für das leibliche Wohl sorgen der Busfahrer und der Reiseleiter, unterstützt von den Reiseteilnehmern. Die Mahlzeiten werden an Tischen und Bänken eingenommen, die an jedem Etappenort neu auf- und abgebaut werden müssen. So kann man sehr günstig durch den Orient bis nach Indien reisen. Wer noch mehr Natur- und Gruppenerlebnisse sucht, kann Trekking-Reisen buchen. Besonders beliebt sind geführte Hochgebirgstouren im Himalaya, in Ostafrika und Lateinamerika. Größeren Zuwachs bekommen auch die Ferienclubs. Die Urlauber logieren in Ferienanlagen, in denen sie ein lockeres und geselliges Freizeitleben führen. Animations- und Showprogramme sorgen dafür, dass möglichst keine Langweile entsteht. Fast alles, auch Getränke, ist im Reisepreis inkludiert. Stilbildend für diese Urlaubsart ist der Club Méditerranée, der von Gérard Blitz gegründet wurde. Seine Philosophie lautet: *Um wirklich Ferien zu haben, muss man sich in eine Gesellschaft begeben, die der in unserem Alltag vollkommen entgegengesetzt ist ... in eine Gesellschaft ohne psychologische Beklemmungen, ohne Verpflichtungen, ohne Autoritäten, und ohne soziale Unterschiede.*

August

Was der August nicht tut, macht der September gut.
Johann Wolfgang von Goethe

Der Wettergott ist den Deutschen im August nicht hold. Immer wieder lässt eine Wolkendecke die Sonne nicht zur Geltung kommen. Die durchschnittliche Lufttemperatur beträgt 16,3° C. Die Regenmenge liegt mit 73 mm ein wenig über dem Mittel der früheren August-Monate.

*

Am 1. August erscheint das von Hugh Hefner gegründete US-amerikanische Sex- und Lifestylemagazin Playboy unter dem Dach der Bauer Verlagsgruppe zum ersten Mal in deutscher Sprache. Es macht sich die global ausbreitende Sexwelle zunutze und möchte etwas gegen den kollektiven Triebstau unternehmen. Vor allem sollen die erotischen Bedürfnisse vieler Männer befriedigt werden. Die Erstausgabe verkauft sich 300000 Mal. Auf dem Cover präsentiert sich Gaby Heier, jedoch nicht nackt. Die erste Fotostrecke, die darin zu sehen ist, ist betitelt mit „Die schönen Mädchen von München". Die Stadt, in der das Männermagazin produziert wird, soll nach den Vorstellungen der Blattmacher erotisch assoziiert werden: *Noch über der letzten Junggesellen-Liege und über dem nüchternsten Schreibtisch scheint in München die Sonne des Leichtsinns.*

*

Vom 2. bis zum 4. August trifft ein heftiger Sonnensturm die Erde. In nur 14,6 Stunden erreicht eine Plasmawolke unseren Heimatplaneten. Sie erzeugt im dessen Magnetfeld starke Turbulenzen. Die Folge sind globale Störungen der Elektronik und der Telekommunikation. Zum Glück befindet sich währenddessen kein Weltraumfahrzeug auf dem Weg zum Mond. Der solare Ausbruch wirkt sich auch militärisch aus. Tausende Seeminen, die vor der Küste Vietnams von der US-Navy ausgelegt worden sind, explodieren. Grund ist, dass deren magnetische Zünder induziert worden sind. Alles hätte viel schlimmer kommen können, denn vermutlich war der Sonnensturm ein Streifschuss. Hätte er die Erde direkt getroffen, wäre der Schaden katastrophal gewesen.

*

Eine internationale Juristenkommission kommt zum Schluss, dass Computer zunehmend die Privatsphäre der Menschen in Gefahr bringen. Bestätigt wird sie von einer Studie der britischen Wissenschaftler Malcolm Warner und Michael Stone. Diese vertreten eine Auffassung, die Fortschrittsoptimisten nicht gerne hören: *Der Computer macht die Bürokratie allwissend, wenn nicht allmächtig ... Nichts bleibt ungespeichert, nichts wird vergessen oder verlo-*

ren, nichts verziehen. George Orwells beängstigende Utopie vom Großen Bruder scheint Wirklichkeit zu werden. Die Zukunftsgesellschaft wird eine die persönliche Freiheit einschränkende Computokratie sein.

*

Seit 1964 lebt der in Bulgarien geborene Künstler Christo in den USA. Er ist inzwischen international bekannt wegen seiner Verhüllungs-Events, die wegen ihrer besonderen Erscheinung jedes Mal die Augen der Betrachter auf sich ziehen. Am 10. August gelingt ihm dies aufs Neue. In einem Colarado-Tal lässt Christo einen 380 Meter breiten und bis zu 150 Meter hohen orangenen Nylon-Vorhang zwischen zwei Berghängen befestigen. Ein Jahr zuvor misslang dies, da ein Sturm den Vorhang zerstörte. Jetzt ist das schwierige künstlerische Werk vollbracht. Der Vorhang ist gespannt und weht im Wind. Da aus dem Wind ein Sturm zu werden droht, wird das Riesentuch 28 Stunden später wieder abgebaut.

*

Am 14. August ereignet sich in der DDR ein schweres Flugunglück. Um 16.29 Uhr startet in Berlin-Schönefeld eine Iljuschin IL-62 der DDR-Fluggesellschaft Interflug, um 148 Urlauber zum bulgarischen Flughafen Burgas an der Schwarzmeerküste zu bringen. Kurz nach dem Start stürzt die Maschine bei Königs Wusterhausen ab und geht in Flammen auf. Zu Tode kommen alle Passagiere sowie alle Cockpitcrew-Mitglieder und Stewardessen. Erst drei Stunden später meldet die DDR-Nachrichtenagentur ADN von der Katastrophe. Über die Ursache wird nichts verlautbart. Intern kommen Unfall-Experten einige Zeit später zum Schluss, dass ein schwerer Konstruktionsfehler den Absturz bewirkt hatte. Offensichtlich verlief eine Heißluftleitung zu nah neben Elektrokabeln. Darüber wird auf Druck der Sowjetunion ein Schleier des Schweigens gelegt.

*

Mitten im August tobt in Stuttgart ein schlimmes Unwetter. Hagelkörner, so groß wie Tennisbälle, prasseln auf die Stadt am Neckar. Wasser- und Schlammmassen wälzen sich durch die Straßenschluchten. Sturmböen decken Dächer ab. Autos bleiben in Unterführungen stecken. Die Katastrophe richtet immensen Schaden an und kostet sechs Menschen das Leben.

*

In den 50er und 60er Jahren wurden ausländische Arbeitnehmer angeworben, um den Wirtschaftsaufschwung im Nachkriegsdeutschland zu fördern und aufrechtzuerhalten. Sie wurden Gastarbeiter genannt, weil sie nach Ablauf ihres Arbeitsvertrags wieder in Ihr Herkunftsland zurückkehren sollten. Das erste Anwerbeabkommen wurde mit Italien (1955) geschlossen. Danach folgten Spanien (1960), Griechenland (1960), Türkei (1961), Marokko (1963), Südkorea (1963), Portugal (1964), Tunesien (1965) und Jugoslawien (1968). Um mehr über ihre Arbeits- und Lebenssituation zu erfahren, führt das Markt- und Sozialforschungsinstitut MARPLAN eine Befragungsstudie mit 2000 Gastarbeitern durch, über deren Ergebnisse Mitte August das Nachrichtenmagazin DER SPIEGEL berichtet. 74% der Befragten bewerten ihre Situation als „gut" oder „sehr gut", 18% als „weder gut noch schlecht" und 8% als „schlecht" oder „sehr schlecht". Ihr Monats-Nettoverdienst beträgt 870 DM. Er liegt 98 DM unter dem der deutschen Kollegen. Danach gefragt, wie sie untergebracht sind, nennen 38% eine eigene Wohnung, ebenfalls 38% eine Gemeinschaftsunterkunft, Der Rest wohnt in Untermiete. Lediglich die Hälfte hat ihre Familie mitgebracht. Kritisiert wird, dass viele Deutsche ihnen gegenüber eine Überlegenheit an den Tag legen. Aus Sicht der Gastarbeiter sind ihnen die Deutschen nur in puncto Ordnung, Fleiß und Pünktlichkeit tatsächlich überlegen. Sie selbst aber glauben, sparsamer, unbefangener, freundlicher und familiärer zu sein. Außerdem meinen sie, von der Kunst zu leben mehr zu verstehen.

*

In West-Berlin hat der türkische Gastarbeiter Kadir Nurman vor Kurzem den Döner kreiert. Am Bahnhof Berlin Zoologischer Garten ist er Inhaber einer Imbiss-Bude. Neu an diesem Gericht ist, dass man das Fleisch vom Kebab-Spieß nicht auf dem Teller serviert, sondern zusammen mit Zwiebeln und Salat in ein Fladenbrot hineinlegt. Es dauert eine Zeitlang, bis nicht nur türkische Landsleute, sondern auch Deutsche an Nurmans Döner Geschmack finden. Im Lauf der Zeit ist er so beliebt wie Currywurst und Buletten.

*

Nicht alle Sowjetbürger scheinen mit ihrem politischen System zufrieden zu sein. Ein oppositionelles Bürgerkomitee wagt es, die Unzufriedenheit im Untergrund zu äußern. Während die Sowjetelite in ihren Datschen und Villen die Sommerferien genießt, wird in Moskau ein Flugblatt verfasst, das klammheimlich verteilt wird. Der Geheimdienst vermutet dahinter Mitglieder der kritischen Intelligenz. Die wichtigsten systemkritischen Passagen der Schmähschrift lauten:

Verehrte Bürger! Unser Land verfügt über die reichsten Ressourcen in der ganzen Welt, es ist die zweitgrößte Industriemacht. Doch im Lebensstandard nimmt die UdSSR erst den 26. Platz ein, den letzten unter den hochentwickelten Ländern. Unser Werktätiger kann für seinen Lohn sieben- bis zwölfmal weniger kaufen als der amerikanische, der englische, der westdeutsche. Unserem Werktätigen steht durchschnittlich zwei- bis fünfmal weniger Wohnfläche zur Verfügung als den Werktätigen in jenen Ländern. Bei den Amerikanern haben 80 Prozent der Familien ein Auto, in der UdSSR weniger als 0,1 Prozent. Verglichen mit den westlichen, sind die Renten, das Krankengeld und die Invalidenversorgung in der UdSSR unbedeutend. Der westliche Arbeitslose kann für seine Unterstützung zwei- bis viermal mehr Waren kaufen als unser Arbeiter oder Angestellter für seinen Lohn. Nur wenige wissen, dass in unserem Lande die erdrückende Mehrzahl der Waren zwei- bis viermal teurer verkauft wird, als der Staat für ihre Herstellung und den Verkauf aufwendet. Diese kolossalen heimlichen Einnahmen eignen sich die Kreml-Herrscher und ihr Gesinde an. Das geht drauf für ihre Villen, Limousinen. gewaltigen Gehälter und Prämien, ihre vor dem Volk verheimlichten Geschenkpakete, für die Sondererholungsheime, die Sonderkrankenhäuser. Die Kreml-Herrscher und ihre Speichellecker führen ein besseres und reicheres Leben als vor der Revolution die vielen zaristischen Würdenträger, wobei sie sich bei alldem als Vortrupp des ‚Sowjetvolkes‘, als seine Diener bezeichnen. Schöne Diener sind das! Sie ziehen ihren ‚Herren‘, den Werktätigen, die Felle über die Ohren ... Die ‚Herren des Landes‘, die Werktätigen, aber kommen kaum mit dem Geld aus.

*

Am 26. August beginnen in München die XX. Olympischen Sommerspiele der Neuzeit. An diesem Sportereignis nehmen 7863 Sportler aus aller Welt teil. Die Eröffnungsfeier findet in einer lockeren und heiteren Atmosphäre statt. Von beschwingter Musik begleitet ziehen die Nationen ins modernistisch anmutende Olympiastadion ein. Bundespräsident Gustav Heinemann eröffnet offiziell die Olympiade. Die Sportler legen das olympische Gelöbnis ab. Sie wollen sich *als loyale Wettkämpfer beweisen, die olympischen Regeln beachten und teilnehmen im ritterlichen Geist, zum Ruhme des Sports und zur Ehre* ihrer Teams. Eine Milliarde Menschen erleben eine zwei Stunden dauernde sehr heitere Eröffnungsfeier am Bildschirm. Die Art und Weise, wie diese abläuft, bringt der Bundesrepublik Deutschland weltweit viel Sympathie ein. Besonders gefällt auch das Olympia-Design. Verantwortlich hierfür ist Otl Aicher, der frühere Leiter der Hochschule für Gestaltung in Ulm. Er sorgt mit seinem Team in 100 definierten Bereichen für eine einheitliche Gestaltung – von den Sportplakaten über die Broschüren bis hin zu den Eintrittskarten. Hoch gelobt wird sein Programmsystem, das den Besuchern aus aller Welt die Orientierung erleichtern soll.

*

Heide Rosendahl holt am zweiten Tag der Olympiade im Weitsprung mit 6,78 Metern die erste Goldmedaille für die Bundesrepublik Deutschland. Der Vorsprung vor der bulgarischen Konkurrentin Diana Jorgowa beträgt nur einen Zentimeter. Deshalb spricht man vom „Zentimeter Krimi". Ihre Siegesweite erzielt die „Gold-Heide" im ersten Versuch.

*

Gleichzeitig wird in Karlsruhe die 24. deutsche Therapiewoche eröffnet. In einem sportkritischen Vortrag prangert der Tübinger Medizin-Professor Hans-Eberhard Bock scharf den *Terror der Leistungserwartungen* im Sport an. Er sieht Gefahren im Übertraining, das zu chronischen Überlastungsreaktionen führt. Und er verurteilt die Einnahme von leistungssteigernden Medikamenten.

*

Während in München die Jugend der Welt ihre Kräfte sportlich misst, klagt man in Afghanistan über europäische und amerikanische Hippies, die auf dem Weg nach Indien in Kabul Station machen. Darunter befinden sich viele Drogenkonsumenten. Sie logieren während ihres Aufenthalts in Billighotels, deren Anzahl stetig wächst. Rauschgift, egal ob Haschisch oder Heroin, lässt sich leicht und billig beschaffen. Polizeirazzien finden selten statt. Meist erfahren die Drogenhändler vorher, wann und wo sie stattfinden. Immer häufiger passiert es, dass Hippies den Drogentod sterben. Den Botschaften der Herkunftsländer obliegt dann die traurige Aufgabe, die Angehörigen in den Herkunftsländern zu benachrichtigen sowie eine Bestattung vor Ort oder eine Rückführung mitzuorganisieren. Der Hippietourismus bringt Afghanistan insgesamt keinen Nutzen. Die einzigen Profiteure sind die Drogenkonsumenten, Drogenhändler und Hotelbesitzer.

*

Die schwerkranke Lale Andersen, die laut Time-Magazin zu den berühmtesten Persönlichkeiten der Welt zählt, stirbt am 29. August während einer Lesetour durch Österreich in Wien. Ihre Urne wird auf der Nordseeinsel Langeoog beigesetzt. Die 67-jährige Schauspielerin und Sängerin erliegt den Folgen eines Krebsleidens. Zu ihrer globalen Bekanntheit hatte ihr Lied „Lili Marleen" wesentlich beigetragen. Es wurde am 18. August 1941 vom Soldatensender Belgrad, den man im Zweiten Weltkrieg vom Nordkap bis Kairo empfangen konnte, zum ersten Mal ausgestrahlt. Danach wurde es zum beliebtesten Soldatenlied und emotionalen Tröster an allen Fronten. Den Nazis gefiel das Lied nicht. Aus der Sicht ihrer Ideologie zersetzte es die Kampfmoral. Folglich wurde es verboten. Die alliierten Radiostationen sendeten das Lied weiterhin. Laut Andersens Testament sollte das Lied bei ihrer Beerdigung nicht gespielt werden. Man tat es trotz dieser Verfügung.

*

Seit sieben Jahren trommelt Günter Grass während der bundesdeutschen Wahlkämpfe für die Es-Pe-De. Seine politischen Erkenntnisse und Erfahrungen hat er niedergeschrieben. In der letzten Augustwoche erscheint das Werk unter dem Titel „Aus dem Tagebuch einer Schnecke". Der Ich-Erzähler Grass gibt darin Antworten auf politische Fragen, die ihm seine und andere Kinder stellen. Es ist eine verständlich erklärte politische Pragmatik. Der Weg zu einem besseren Deutschland sei nur möglich durch beharrliche Schnecken-Schritte. Revolutionärem Aktionismus erteilt der Schriftsteller eine deutliche Absage.

*

Grass' Schriftsteller-Kollege Peter Handke musste am 19. November des vorigen Jahres den Freitod seiner Mutter Maria beklagen. Im Januar und Februar 1972 schreibt sich Handke seine Trauer von der Seele. Er schildert ihr Leben in Form der Erzählung „Wunschloses Unglück", die im August 1972 im Residenz Verlag erscheint. Ihre ersten 15 Lebensjahre verbringt Maria Handke im österreichischen Kärnten unter dem autoritären Regime eines autoritären Vaters. Er gibt ihr keine Chance, einen ihrer sehr guten Begabung angemessenen Bildungs- und Ausbildungsweg zu beschreiten. Sie kehrt ihrer Familie den Rücken und verdient ihren Lebensunterhalt als ungelernte Kraft in einem Hotel. Dort geht sie mit einem verheirateten deutschen Soldaten eine Beziehung ein und wird schwanger. Bevor der kleine Peter das Licht der Welt erblickt, heiratet sie den ebenfalls in Kärnten stationierten deutschen Unteroffizier Bruno Handke. Mit dem Ehemann, den sie nicht liebt, ziehen Maria und Peter nach Berlin. 1948 kehren Vater, Mutter, Peter und die inzwischen geborene Monika nach Kärnten zurück. Maria führt mit ihrem alkoholkranken, gewalttätigen Ehemann ein unglückliches Leben. Sie gerät in eine chronische Depression. Handkes Versuche, sie seelisch zu unterstützen, scheitern. Sie bringt sich mit Medikamenten um.

September

Der September ist der Mai des Herbstes.
Deutsches Sprichwort

Am 1. September beginnt der Herbst meteorologisch. Der Himmel ist meist bewölkt. Die Durchschnittstemperatur liegt bei circa 13° C. Insgesamt ist der September sehr kühl. Man zählt nur 166 Sonnenstunden.

*

Seit dem 11. Juli duelliert sich in der isländischen Hauptstadt Reykjavik der US-Amerikaner Bobby Fischer mit dem Sowjetrussen Boris Spasski auf dem Schachbrett. Es geht um den WM-Titel. Der amtierende Weltmeister Spasski tut sich mit dem exzentrischen Rivalen schwer, denn der Spielerfolg hängt im Schach nicht nur von der Intelligenz ab, sondern auch von der emotionalen Stabilität. Letztere scheint beim Russen nicht optimal ausgeprägt zu sein. Er lässt sich immer wieder durch Fischers Psychospiele irritieren. Am 1. September gibt Spasski auf. Der Herausforderer Fischer wird zum neuen Schachkönig gekrönt. West hat

Ost geschlagen. In der Sowjetunion macht sich Entsetzen breit.

*

Im Verlauf der Olympischen Spiele sehen die Zuschauer tolle Leistungen. Begeistert sind sie vom US-amerikanischen Superstar Mark Spitz. Der 22jährige Kalifornier mit dem markanten Schnauzer schreibt Olympiageschichte. Er gewinnt sieben Goldmedaillen, jedes Mal in Weltrekordzeit. Auch die west- und ostdeutschen Sportler schneiden hervorragend ab. Zusammen erringen sie 33 Goldmedaillen, 34 Silbermedaillen und 39 Bronzemedaillen. Am 4. September ereignet sich eine der größten Sensationen in der Olympiageschichte. Die 16jährige Kölnerin Ulrike Meyfahrth gewinnt den Hochsprungwettbewerb mit dem neuen Sprungstil, dem Fosbury-Flop. Das heißt, sie überquert die Latte rückwärts. Sie schafft jede Höhe bis 1,88 Meter im ersten Versuch. Die entscheidende Höhe von 1,90 Meter schafft sie im zweiten Versuch, während ihre beiden Konkurrentinnen Ilona Gusenbauer und Jordanka Blagoewa daran dreimal scheitern. Nachdem sie die Goldmedaille schon errungen hat, stellt sie mit 1,92 Metern den Weltrekord ein. Ulrike Meyfahrth ist die jüngste Leichtathletik-Olympiasiegerin in einem Einzelwettkampf. Sie wird als Wundermädchen gefeiert.

*

Am Abend dieses Sensationstages besucht ein Teil der israelischen Olympia-Mannschaft das Musical „Anatevka" in der Münchner Innenstadt. Nicht weit davon entfernt versammeln sich in einer Gaststätte acht palästinensische Terroristen, um die letzten Anweisungen für das geplante Olympia-Attentat zu erhalten. Ziel ist das Quartier der Israelis im Olympischen Dorf. Kurz nach halb fünf Uhr des folgenden Tages verschafft sich das Terrorkommando gewaltsam Zugang, tötet zwei Sportler und nimmt 11 Geiseln. Sie stellen zwei Forderungen: Zum einen die Freilassung von 234 palästinensischen Gefangenen aus israelischen Gefängnissen, zum anderen die Freilassung des japanischen Terroristen Kōzō Okamoto und der deutschen RAF-Mitglieder Andreas Baader und Ulrike Meinhof. Die israelische Regierung ist nicht bereit, darauf einzugehen. Danach verlangt das Terrorkommando freies Geleit zusammen mit den Geiseln. Man will mit einem Flugzeug nach Kairo ausgeflogen werden. Die Bundesregierung entspricht dieser Forderung zum Schein. Die Terroristen werden mit ihren Geiseln zum Militärflughafen Fürstenfeldbruck transportiert, wo ein Befreiungsversuch unternommen werden soll. Die Aktion misslingt kläglich. Die Schießerei hat den Tod aller neun Geißeln, von fünf der acht Terroristen und eines Polizeibeamten zur Folge. Die heiteren Spiele enden in einem Fiasko. Dennoch plädiert das Internationale Olympische Komitee für die Fortsetzung der Olympiade. Sein Präsident Avery Brundage verkündet: *The games must go on.* Er begründet dies damit, dass ein Abbruch einer Kapitulation vor dem Terrorismus gleichkäme. Am 11. September gehen die anfangs heiteren Spiele zu Ende. Abends, um 19.30 Uhr, findet die 45minütige Schlussfeier im Olympiastadion statt. Die Stimmung ist gedämpft, denn es fällt schwer, bei all dem, was vor sechs Tagen geschehen ist, fröhlich zu sein.

*

Beinahe ereignet sich eine zweite Tragödie. Während der Feier teilt der Regisseur August Everding dem Stadionsprecher Joachim Fuchsberger eine Hiobsbotschaft mit folgendem Text mit: *Nicht identifizierbare Flugobjekte im Anflug auf das Olympiastadion – möglicherweise Bombenabwurf – sag, was du für richtig hältst.* Beide sind ratlos. Fuchsberger wagt es nicht, das Stadion räumen zu lassen. Die militärische Flugsicherung hat tatsächlich im Raum Ulm – Augsburg ein niedrig fliegendes Flugzeug entdeckt, das sich in Richtung München bewegt. Abfangjäger steigen auf. Bundesverteidigungsminister Georg Leber ist kurz davor, einen Abschuss zu veranlassen. Plötzlich meldet sich der Pilot, der eine finnische Verkehrsmaschine steuert. Er teilt mit, dass die Radaranlage ausgefallen ist, und bittet um eine Landeerlaubnis für den Flughafen München-Riem. Den Verantwortlichen fällt ein Stein von der Seele. Der scheidende IOC-Präsident Avery Brundage beendet im abgedunkelten Stadion die XX. Olympiade: *Liebe Münchner, Ihre herzliche und liebenswürdige Gastfreundschaft hat uns tief bewegt. Die Tage der strahlenden Freude haben wir zusammen gefeiert, und die schweren Stunden tiefster Dunkelheit haben wir mit Ihnen gemeinsam ertragen. Die Zeit des Abschieds ist gekommen. Wir kehren in unsere Heimat zurück und rufen Ihnen allen zu: Auf Wiedersehen!* Das olympische Feuer erlischt.

*

Island macht mit einer unerwarteten Aktion von sich reden. Weil seine Fischgründe dezimiert zu werden drohen, weitet es die Grenzen seiner Hoheitsgewässer von zwölf auf 50 Seemeilen aus. Der kleine Inselstaat im Nordwesten

Europas sieht seine wirtschaftliche Existenz bedroht, denn der Export besteht großenteils aus Fischereiprodukten. Obwohl der Internationale Gerichtshof entschied, dass Island hierzu kein Recht habe, wird die einseitige Maßnahme nicht zurückgenommen. Es kommt zu Auseinandersetzungen, die als Kabeljaukrieg bezeichnet werden. Als britische Fischtrawler in die 50-Meilenzone eindringen, wenden isländische Fischereiboote Gewalt an. Sie versuchen die Trossen zwischen den Trawlern und den Schleppnetzen abzutrennen. Großbritannien ist verärgert und schickt die Fregatte „Aurora" ins maritime Kampfgebiet.

*

Um die Pattsituation im Bundestag zu beenden, stellt Willy Brandt am 20. September die Vertrauensfrage. Durch eine gewollte Abstimmungsniederlage möchte er den Weg für Neuwahlen ebnen. Die Mitglieder des Kabinetts Brandt/ Scheel enthalten sich am 22. September absichtlich der Stimme, so dass die Abstimmung negativ ausfällt. Der Bundespräsident Gustav Heinemann darf daraufhin gemäß Artikel 68 des Grundgesetzes auf Vorschlag des Bundeskanzlers den 6. Deutschen Bundestag auflösen. Die Neuwahlen werden auf den 19. November festgelegt. Nun entflammt ein Wahlkampf, den es in dieser Intensität in der Geschichte der Bundesrepublik Deutschland noch nicht gegeben hat. Die Bundestagswahl wird zum Plebiszit über die Ostpolitik.

*

Einen Tag vor der Auflösung des 6. Deutschen Bundestages verabschiedet das Parlament eine Reform der gesetzlichen

Rentenversicherung. Erstens wird die Altersgrenze flexibilisiert. Versicherte, die 35 anrechnungsfähige Versicherungsjahre aufweisen, können nach Vollendung des 63. Lebensjahres selbst entscheiden, wann sie in den Ruhestand eintreten. Zweitens erhalten Rentner mit 25 Pflichtversicherungsjahren eine Mindestrente. Diese wird nach 75% der Durchschnittsverdienste aller Versicherten berechnet. Drittens dürfen sich Selbstständige, mithelfende Familienangehörige und Hausfrauen in der gesetzlichen Krankenversicherung freiwillig versichern. Für die Zeit ab dem 1. Januar 1956 können sie Beiträge nachentrichten, um somit die Mindestbeitragszeit von 15 Jahren zu erreichen. Und viertens erfolgt die zum 1. Januar 1973 fällige Rentenerhöhung um 9,5% rückwirkend zum 1. Juli 1972.

*

Wenige Tage später findet in Willy Brandts ehemaligem Exilland Norwegen eine Volksabstimmung statt. Die Norweger müssen entscheiden, ob der von ihrer Regierung propagierte Beitritt zur Europäischen Wirtschaftsgemeinschaft (EWG) vollzogen werden kann. Die Befürworter des Beitritts versprechen sich vom EWG-Beitritt große Vorteile. Die Beitrittsgegner befürchten eine Schwächung der nationalen Souveränität und eine Beschränkung der Fischereirechte. Nachdem die Stimmen ausgezählt sind, steht fest, dass eine Mehrheit von 53,9 Prozent den Beitritt ablehnt. Der Traum einer vom Nordkap bis Sizilien reichenden EWG ist vorerst ausgeträumt.

*

Als Konsequenz aus den Polizei-Pannen beim Münchner Olympia-Attentat wird am 26. September die GSG 9 gegründet. Es ist eine Eingreiftruppe des Bundesgrenzschutzes zur Geiselbefreiung und Bombenentschärfung. Mit der Aufstellung beauftragt Bundesinnenminister Hans-Dietrich Genscher den Oberstleutnant Ulrich Wegener. Fünf Jahre später erlangt die GSG 9 Berühmtheit, als sie in Mogadischu die entführte Lufthansa-Maschine Landshut stürmt und die 86 Geiseln befreit.

*

Alljährlich trifft sich in Frankfurt am Main die Bücherwelt. 3683 Verlage aus 59 Ländern präsentieren 247 000 Titel, wovon 78 000 Neuerscheinungen sind. Während dieses kulturellen Events wird der Suhrkamp-Verleger Siegfried Unseld 48 Jahre alt. Zu seiner Geburtstags-Fete lädt er prominente Suhrkamp-Autoren ein. Martin Walser schaut zu tief ins Glas. Im Zustand lockerer Zunge zofft er sich mit seinem Verleger. Auch mit Uwe und Elisabeth Johnson zankt er heftig. Als er wieder nüchtern ist, notiert er mit peinlichen Gefühlen: *Am 28. Siegfried Geburtstag. Der bisher schlimmste Streit mit ihm. Ich betrunken, er nüchtern. Und vor vielen Zeugen, Buchmessemenschen, in seinem Haus in der Kettenbergstraße. Wenn ich doch nicht mehr daran denken könnte.*

*

Rechtzeitig zur Frankfurter Buchmesse (28. September – 3. Oktober) erscheint Walter Kempowskis autobiografischer Roman „Uns geht's ja noch Gold". Damit setzt er seine deutsche Familienchronik fort, die mit „Tadellöser & Wolff" begann. Jetzt beleuchtet er die ersten Nachkriegsjahre Jahre nach dem Einmarsch der Roten Armee in seine Heimatstadt Rostock. Wie ein Dokumentar berichtet er von der schlechten Ernährungslage, den Hamsterkäufen, den Vergewaltigungen, den Plünderungen, den Demontagen, den befreiten Konzentrationslagern, der Seelenlage und anderen Zeitaspekten. Was er in Erinnerung rufen kann, setzt der Ich-Erzähler zu einer großen Collage zusammen. Der Erzählstrom mündet schließlich in ein schicksalhaftes Ereignis. Der junge Walter sucht nach einem besseren Leben und flüchtet in die amerikanische Besatzungszone. Dort übergibt er der US-Army Dokumente, aus denen die unverhältnismäßig harte Reparations- und Demontagepolitik in der sowjetischen Besatzungszone zu ersehen ist. Als er zu einem Besuch nach Rostock zurückkehrt, wird er von den Russen verhaftet: *Im Morgengrauen holten sie mich aus dem Bett. Zwei tragen Lederjacken. Da hast du was zu melden, wenn du wieder rüberkommst, dachte ich.* Sein Buch wird sehr positiv aufgenommen und erzeugt wiederum eine starke Nachfrage.

*

Ebenso gerät die Neuerscheinung „Der kurze Sommer der Anarchie" in den Fokus der Medien. Verfasser ist der Schriftsteller und Publizist Hans Magnus Enzensberger. Der Leser erfährt die Geschichte des Anarchosyndikalisten Buenaventura Durruti, der eine zentrale Figur im spanischen Bürgerkrieg war. Sie umfasst die Zeit von der proletarischen Kindheit im nordspanischen León bis zu Durrutis Tod im ersten Bürgerkriegsjahr. Obwohl das Buch eine aus Flugblättern, Zeitungsausschnitten, Broschüren und Interviews bestehende Collage ist, bezeichnet es Enzensberger als Roman. Es ist nämlich keine klassische Biografie, sondern ein zwischen Nacherzählung und Rekonstruktion einzuordnendes Werk. Er *hat weggelassen, übersetzt, geschnitten und montiert, und in das Ensemble der Fiktionen seine eigene Fiktion eingebracht ...*

Oktober

*Wie im Oktober die Regen hausen, so im Dezember die
Winde sausen.*
  Deutsches Sprichwort

Genauso wie der September ist der Oktober im Mittel ziem-
lich kühl, auch wenn am Monatsbeginn heiteres Wetter
dominiert. Die mittlere Temperatur beträgt 6,8° C.

*

Wolf Biermann lässt sich auch in diesem Jahr nicht mund-
tot machen. Der Liedermacher und Lyriker trotzt dem
DDR-Regime. Über westliche Umwege verbreitet er seine
Systemkritik. Im Verlag Klaus Wagenbach erscheint „Für
meine Genossen. Hetzlieder, Gedichte, Balladen". In diesem Sammelband ist auch seine Stasi-Ballade abgedruckt,
in der er einleitend spottet:

Menschlich fühl ich mich verbunden
Mit den armen Stasi-Hunden
Die bei Schnee und Regengüssen
Mühsam auf mich achten müssen.

Die SED schäumt vor Mut. Und Biermann setzt seine satirischen Provokationen fort.

*

Auch im deutschen Westen übt man Systemkritik. Die Rockgruppe „Ton Steine Scherben" bringt ihr zweites Protest-Album heraus. „Keine Macht für Niemand" heißt sowohl dessen Gesamt-Titel als auch einer der elf Song-Titel (Rio Reiser, R. P. S. Lanrue). Laut Rio Reiser stammt die Titelzeile aus dem Hamburger Anarchoblatt „Germania". Ziel der systemkritischen Gruppe ist es nicht, den Kapitalismus gewaltsam zu beseitigen, wie es die Rote-Armee-Fraktion beabsichtigt, sondern ihn durch ein sozial gerechteres und herrschaftsfreies System zu ersetzen. Mit den linken Songs möchte sie der systemkritischen westdeutschen Protestbewegung aus der Seele sprechen. Die obere Kommandoebene der Rote-Armee-Fraktion verreißt die LP und bezeichnet sie als *Blödsinn, irrelevant und für den antiimperialistischen Kampf unbrauchbar.*

*

Im deutsch-deutschen Verhältnis treten spürbare Fortschritte ein. Die neue Ostpolitik zahlt sich aus. Westberliner dürfen Sofortbesuche in den Osten unternehmen. Es gibt Berechtigungsscheine zum mehrmaligen Empfang eines Visums. Ehemalige DDR-Einwohner, die vor dem 1.1.1972 in den Westen flüchteten, unterliegen nicht mehr strafrechtlicher Verfolgung. DDR-Bürger dürfen in dringenden Familienangelegenheiten in die Bundesrepublik Deutschland reisen.

*

Viele westdeutsche Teenies lesen wöchentlich das Jugend-magazin BRAVO. Sie erfahren zum einen News aus der Musik- & Filmszene. Zum anderen werden sie in einer Sex-Rubrik von Dr. Sommer und seinem Team über sexuelle Fragen beraten und informiert. Letzteres ist den kleinbürgerlichen Lustfeinden ein Dorn im Auge. Als in den Ausgaben Nr. 6 und Nr. 7 die Selbstbefriedigung unverklemmt für normal befunden wird, ist dies für Vertreter der herrschenden Sexualmoral eine Grenzüberschreitung. Daraufhin stellt die bayerische Landesregierung bei der Bundesprüfstelle für jugendgefährdende Schriften einen Antrag auf Indexierung der beiden Hefte. Am 6. Oktober gibt das Zwölfergremium der Bundesprüfstelle dem bayerischen Antrag statt und setzt diese auf die Liste der moralisch verwerflichen Schriften. Die Begründung heißt: *Die Geschlechtsreife allein berechtigt noch nicht zur Inbetriebnahme der Geschlechtsorgane.*

*

Der Kunstprofessor Joseph Beuys besetzt mit 60 Studenten das Sekretariat der Kunstakademie Düsseldorf. Er möchte, dass sie in seine bereits überfüllte Kunstklasse aufgenommen werden. Ebenso fordert er die Aufnahme 70 weiterer wegen des Numerus Clausus abgewiesener Studienbewerber. Für das nordrhein-westfälische Wissenschaftsministerium ist das Fass übergelaufen, nachdem es mit Beuys immer wieder zu Konflikten gekommen war. Der zuständige Minister Johannes Rau entlässt Beuys am 10. Oktober, erteilt ihm ein Hausverbot und lässt die Akademie polizeilich räumen. Zahlreiche Künstler solidarisieren sich mit dem prominenten Kunstprofessor. Dieser bezeichnet sich als Kämpfer für die Freiheit der Lehre und der Kultur. Medienvertreter stellen ihm die Frage, ob sein aktueller Konflikt ein „gebrochenes Verhältnis zu staatlichen Einrichtungen" offenbare. Selbstbewusst erwidert er: *Nun, ich würde ein sehr gutes Verhältnis zu staatlichen Einrichtungen haben, wenn diese den notwendigen Forderungen entsprechen würden.*

*

Am 14. Oktober wird auf dem New Yorker Filmfestival „Der letzte Tango in Paris" des italienischen Filmautors Bernardo Bertolucci uraufgeführt. Der alternde, in Paris lebende Paul (Marlon Brando) verliert durch den Selbstmord seiner Frau die seelische Stabilität. Er begibt er sich auf die Suche nach einem Appartement und trifft auf die junge Französin Jeanne (Maria Schneider). Zwischen den beiden entzündet sich eine leidenschaftliche Affäre, in der sie ihr sexuelles Verlangen ausleben. Die Sexszenen erzeugen einen heftigen Skandal. Der Film wird in Bertoluccis Heimatland Italien wegen pornografischer Darstellungen von der Staatsanwaltschaft verboten. Im Gegensatz zu den konservativen Moralisten feiern viele Cineasten den Film als Meisterwerk.

*

Auch das neue Buch des britischen Arztes Alex Comfort erzeugt große Aufmerksamkeit. Sein Titel lautet „The Joy of Sex." Der Autor versteht es als „Kochbuch", das die Leserinnen und Leser zum Genießen der Sexuallust anleitet. Die Anwendung wird durch Zeichnungen und Fotografien erleichtert. Anscheinend hat Comfort die Sexualrezepte zuvor mit seiner Geliebten und Gespielin Jane Henderson praktisch erprobt. Aus Sicht des Autors ist ein wichtiges Ziel der Buchlektüre, den Unterschied zu erkennen *zwischen dem Sex, wie ihn die vorige Generation verstand, und dem Sex, wie er sein kann.* Der Ratgeber wird sofort zum Bestseller. Kirchen und Glaubensgemeinschaften stehen Kopf und fordern ein Verkaufsverbot. Im erzkatholischen Irland wird letzteres tatsächlich realisiert.

*

Die Ministerpräsidenten der Länder der Bundesrepublik Deutschland unterzeichnen am 20. Oktober den Staatsvertrag über die zentrale Vergabe von Studienplätzen. Sie setzen damit das Numerus-Clausus-Urteil des Bundesverfassungsgerichts vom 18. Juli um, das eine gerechtere Verteilung der Studienplätze verlangt. Diese soll ab 1. Mai 1973 durch die Zentralstelle für die Vergabe von Studienplätzen (ZVS) durchgeführt werden. Und zwar in Fächern wie zum Beispiel Medizin, Zahnmedizin, Tiermedizin, Pharmazie oder Psychologie, wo die Studiennachfrage das Studienplatzangebot deutlich übersteigt. 60% der Plätze eines Studienfaches werden nach Leistung und 40% nach Wartezeit vergeben. Der Druck, eine sehr gute Abi-Durchschnittsnote zu erzielen, wächst. Viele Schüler leiden unter Lernstress.

*

Am selben Tag unterzeichnen der britische Verkehrsminister John Peyton und sein französischer Kollege Robert Galley den Vertrag zur Planung des Ärmelkanal-Tunnels zwischen Dover und Calais, dessen Finanzierung durch öffentliche Anleihen und privates Kapital erfolgen soll. Damit wird ein Traum Wirklichkeit, der 1750 zum ersten Mal vom französischen Geologen Nicolats Desmarets geträumt wurde. Ein halbes Jahrhundert danach schlug der französische Ingenieur Albert Mathieu den Bau zweier „Halbtunnels" für Pferdekutschen vor, die in der Mitte des Ärmelkanals durch eine Zwischenstation für den Pferdewechsel auf der Varne-Sandbank miteinander verbunden werden. 1867 entwarfen die britischen Ingenieure John Hawkshaw und William Low einen konkreten Plan zum Bau eines 34 km langen Eisenbahntunnels. Es wurde eine französisch-britische Kanaltunnelgesellschaft gegründet. Auch fanden einige Vorbereitungsarbeiten statt, doch eine endgültige Verwirklichung blieb aus.

*

Die USA und Nordvietnam ringen sich zu einem Abkommen durch, das zur Beendigung des Vietnamkrieges führen soll. Der US-Unterhändler sieht den Frieden so nah wie nie. Am 22. Oktober verkündet US-Präsident Nixon einen Teilstopp der Bombenangriffe.

*

Am 26. Oktober erlebt Federico Fellinis Meisterwerk „Roma" seinen Kinostart. Mit dieser stark autobiografisch geprägten Episoden-Collage begeistert der Grande Maestro die Filmwelt. Man erlebt den jungen Fellini, wie er als 20jähriger aus seiner Heimatstadt Rimini zum Studium in die ewige Stadt Rom kommt. Ungeniert gibt er Einblicke in sein Triebleben, als er ein Bordell besucht. Andere Highlights sind eine skurrile kirchliche Modenschau, die Entdeckung antiker Fresken beim U-Bahn-Bau, die Lebenslust in einer Trattoria oder die Auftritte von Schauspielern wie Alberto Sordi, Anna Magnani und Marcello Mastroianni. Im letzten Teil des Films brettern Rocker auf ihren Maschinen durchs nächtliche Rom vorbei an illuminierten Sehenswürdigkeiten.

*

Udo Jürgens hat ein Musical komponiert: „Helden, Helden". Es basiert auf George Bernard Shaws Antikriegsstück „Arms and the Man". Die Texte stammen von Eckart Hachfeld. In der Hauptrolle agiert Michael Heltau. Das dreistündige Werk feiert am 27. Oktober im Theater an der Wien seine Premiere. Das Publikum ist von der Aufführung begeistert, die professionellen Theaterkritiker weniger. Auf die Frage, warum er Shaws Theaterstück zur Grundlage genommen hat, antwortet Jürgens: *Erstens beschäftigt es sich mit einem zeitlosen Thema, nämlich dem Heldentum und dem Krieg. Zum Zweiten spielt es in Serbien und Kroatien – es gibt also die Möglichkeit, Lokalkolorit unterzubringen. Aus diesem Grund ist es für den Komponisten eine außerordentlich dankbare Aufgabe.*

*

Die USA ist im Flugzeugbau seit langer Zeit technologische Führungsmacht. Konzerne wie Boeing, Douglas und Lockheed beherrschen den Flugzeugmarkt. Dieser Dominanz wollen die Europäer endlich Paroli bieten. Deutschland,

Frankreich, Großbritannien, Niederlande und Spanien haben sich zusammengetan, um gemeinsam ein Flugzeug zu entwickeln. Nun ist der Prototyp fertiggestellt. Es ist der Airbus 300. Er verfügt über zwei Triebwerke und bietet 226 Passagieren Platz. Am 28. Oktober startet das europäische Flugzeug in Toulouse zu seinem Jungfernflug. Die US-Amerikaner nehmen dieses Ereignis zur Kenntnis, sehen aber in der Flugzeugfirma Airbus noch keinen ernsthaften Konkurrenten.

*

Auf dem Flug von Damaskus nach Frankfurt wird am 29. Oktober eine Lufthansa-Maschine nach einer Zwischenlandung in Beirut von zwei palästinensischen Terroristen entführt. Die Hijacker fordern die Freilassung der drei Olympia-Attentäter, die das Scharmützel in Fürstenfeldbruck überlebt haben und in bayrischen Gefängnissen einsitzen. Die Bundesregierung gibt der Forderung nach. Die Häftlinge werden in Zagreb von der Lufthansa-Maschine an Bord genommen. Die Entführung endet im libyschen Tripolis. In Israel ist man außer sich vor Ärger. Dessen Regierung protestiert aufs Heftigste. Es kommt zu antideutschen Demonstrationen.

*

Aus Frankreich erfährt man Überraschendes. Eine sexualwissenschaftliche Studie widerlegt das Vorurteil vom pays d'amour. Sie ist nach dem Muster des amerikanischen Kinsey-Reports durchgeführt worden. In dem 926 Seiten langen Abschlussbericht wird ein anderes Bild vom französischen Liebesleben präsentiert. Besonders liebeshungrig scheinen die Franzosen nicht zu sein. Der Großteil liebt sich körperlich am Wochenende. Die Variation der Stellungen ist eher bescheiden. Es dominiert die Missionarsstellung. Die Variante „Oralverkehr", bekannt als französisch, praktiziert nur eine kleine Minderheit. Was die Anzahl der Sexualpartner angeht, erweisen sich die Französinnen als sehr sparsam. Im Verlauf ihres Sexuallebens haben sie nur mit 1,8 Partnern Verkehr. Die Männer teilen mit durchschnittlich 11,8 Frauen das Bett. Ins Hochzeitsbett begeben sich 45 Prozent der Französinnen als Jungfrauen. Das Fazit des Studienleiters Pierre Simon lautet: „Das Sexualverhalten der Franzosen ist noch sehr traditionell."

*

Oswald Kolle, Liebeslehrer der Nation, möchte die Deutschen von ihrer sexuellen Verklemmtheit befreien. Um dieses Ziel zu erreichen, produziert er seit einiger Zeit Aufklärungsfilme und schreibt Aufklärungsbücher. Jetzt hat sein neuer Film „Liebe als Gesellschaftsspiel" Premiere. Darin plädiert er für die Liebe zu dritt. Paare sollen ihren wechselseitigen Besitzanspruch zurückstellen und eine dritte weibliche Person in ihre Liebesgemeinschaft aufnehmen. Er motiviert sie, diese neue Freiheit experimentell zu wagen und lustvoll zu erproben. Konservative Kreise sind empört. Sie werfen Kolle vor, dass er die moralische Ordnung endgültig zerstört.

November

November: Kein Schatten, keine Sonne, keine Schmetterlinge, keine Bienen, kein Obst, keine Blumen, keine Blätter, keine Knospen.
Thomas Hood

Der November ist im Vergleich zu den Vorjahresmonaten relativ regenarm. Die Durchschnittstemperatur liegt bei 5,1° C. Die Meteorologen sehen Anzeichen für einen milden Winter.

*

Es kommt mehr Licht in das Dunkel der Menschwerdung. Der britische Paläoanthropologe Richard Leakey präsentiert einen spektakulären Fund, der aus einem Schädel und einigen Knochen eines Homo habilis besteht. Der Fundort liegt am Westufer des Turkana-Sees. Die Gegend hält man für die Wiege der Menschheit hält. Auf der Basis seiner Entdeckung schätzt er das Alter des Menschen auf etwa 2,5 Millionen Jahre. Außerdem stellt er fest, dass zwischen der Knochenform des Homo habilis und der des Jetztmenschen viel Ähnlichkeit besteht.

*

Rudolf Augsteins Buch „Jesus Menschensohn" erschüttert die christlichen Kirchen und Glaubensgemeinschaften. Es ist Ergebnis umfangreicher historischer Recherchen. Für den Herausgeber des Wochenmagazins DER SPIEGEL hat der geschichtliche Jesus mit dem Gottessohn, der eine reine Erfindung ist, nichts zu tun. Er stellt die provokatorische Frage, *mit welchem Recht sich die christlichen Kirchen auf einen Jesus berufen, den es nicht gibt, auf Lehren, die er nicht gelehrt, auf eine Vollmacht, die er nicht erteilt, und eine Gottessohnschaft, die er nicht beansprucht hat.* Den Kirchen spricht er die Legitimation ab und wirft ihnen vor, sich die Gläubigen durch die Erzeugung von Schuldgefühlen gefügig zu machen.

*

Nixon erringt bei den Präsidentschaftswahlen einen Triumph. 61% der US-Amerikaner stimmen für ihn, nur 38% für George McGovern, den Kandidaten der Demokraten. In allen Bundesstaaten, außer in Massachusetts und im District of Columbia um die Hauptstadt Washington, liegt er vorn. Aus den Wahlanalysen geht hervor, dass er seinen Sieg den amerikanischen Kleinbürgern verdankt, die sich Law and Order und keine Visionen wünschen. Seine Selbstanalyse lautet: *Ohne zu versuchen, mich selbst zu psychoanalysieren. möchte ich einfach sagen, dass meine starke Seite nicht Rhetorik und Schauspielkunst ist. Sie zeigt sich nicht in den großen Versprechungen - jenen Dingen, welche den Glanz und die Erregung schaffen, welche man Charisma und Wärme nennt. Wenn ich eine starke Seite habe, dann ist es die Leistung. Ich produziere mehr, als ich verspreche.*

*

Am 13. November braust der Orkan „Quimburga" mit Geschwindigkeiten von 155 bis 200 Stundenkilometer über Mitteleuropa. Er trifft mit voller Wucht auf Niedersachsen. In den Waldgebieten richtet er immensen Schaden an. Circa 50 Millionen Bäume werden umgestürzt. Die Schadensfläche ist so groß wie die Mittelmeerinsel Malta. Während des Sturms kommen 73 Menschen zu Tode. Es ist einer der stärksten Orkane des zwanzigsten Jahrhunderts.

*

Am 19. November wird der neue Deutsche Bundestag gewählt. Über 90% der wahlberechtigten Bundesbürger geben ihre Stimme ab. Als die ersten Hochrechnungen verbreitet werden, bahnt sich eine Sensation an. Willy Brandt und seine sozialliberale Koalition erringen einen Riesensieg. Die SPD wird mit 45,9% stärkste Bundestagsfraktion. Mit diesem Ergebnis hat niemand gerechnet. Einen bedeutsamen Anteil daran hat die Wählerinitiative „Bürger für Brandt". Darin haben sich zahlreiche Schriftsteller, Schauspieler, Filmemacher und Journalisten engagiert. Zu nennen sind auch der Heidelberger Rechtsanwalt und Provokationskünstler Klaus Staeck und seine paradoxe Strategie der Wahlwerbung. Mit Plakaten, Aufklebern und Postkarten vermittelt er Botschaften mit beißender Satire, deren Inhalt auch Nichtakademiker begreifen. Berühmt wird sein Warnspruch: *Deutsche Arbeiter. Die SPD will euch eure Villen im Tessin wegnehmen*. Nicht minder bekannt ist seine Aufforderung: *Die Reichen müssen noch reicher werden. Deshalb CDU.*

*

Am 23.November bedankt sich Astrid Lindgren, die am 14. November ihr 65. Wiegenfest gefeiert hat, für Erich Kästners viel zu früh versandten Geburtstagsbrief: *Sie können sich nicht vorstellen, wie ich mich über Ihren Brief gefreut habe! Und wie gerne ich noch einmal mit Ihnen Walzer tanzen möchte! Eigentlich wollte ich Ihnen einmal sagen, wie ich schon als sehr jung Ihre Gedichte geliebt habe, aber ich traute mich nicht.* Des Weiteren erinnert Sie sich an die Internationale Tagung für das Jugendbuch in Zürich, an der beide teilnahmen. Am 4.Oktober 1953 hielt Kästner dort einen Vortrag. Zwei markante Passagen blieben unauslöschlich in Lindgrens Gedächtnis: *Schriftsteller, die nur Jugendbücher schreiben, sind keine Schriftsteller, und Jugendschriftsteller sind sie schon gar nicht … Die meisten Jugendbücher, die geschrieben werden, sind überflüssig, wenn nicht schädlich. Und die Jugendbücher, die wichtig wie das liebe Brot wären, werden nicht geschrieben.* Hierzu merkt Lindgren an: *Es stimmt nicht. Aber es ist wahr.*

*

Als der November zu Ende geht, verkündet die Münchner Lach- und Schießgesellschaft ihre Auflösung. Im Jahr 1956 feierte sie auf einer kleinen Bühne in Schwabing Premiere. Zum Start-Quartett gehörten Ursula Hecking, Dieter Hildebrandt, Hans Jürgen Diedrich und Klaus Havenstein. Regisseur war der Sportreporter Sammy Drechsel. Ihr politisches Programm „Denn sie müssen nicht, was sie tun" wurde begeistert aufgenommen. Ab 1957 strahlte es auch die ARD aus. Für die Öffentlichkeit ist das plötzliche Ende des erfolgreichen Kabaretts nur schwer nachvollziehbar. Aus Hildebrandts Sicht ist es *ein wohlbedachter Schluss.*

Jeder war bekannt und wollte einfach mal was anderes machen. Vier Jahre später kehrt die Münchner Lach- und Schießgesellschaft auf die Bühne zurück.

*

Während die einen Künstler vom Erfolg müde werden, streben die anderen ihm zu. Einer dieser Steiger auf den Sprossen der Erfolgsleiter ist der nuschelnde Rockmusiker Udo Lindenberg. Er bringt mit „Daumen im Wind" sein erstes Album mit deutschen Texten heraus:

> *Nun steh' ich wieder an der Autobahn*
> *und halt den Daumen in den Wind*
> *es wurde Zeit, mal wieder loszufahren*
> *ich hoff', es hält bald einer an ...*

Eine Single dieser LP, „Hoch im Norden", gelangt sogar in die Charts. Mit der LP beginnt der Aufstieg der deutschen Rockmusik. Ein Jahr später schafft Udo mit seinem Album „Alles klar auf der Andrea Doria" den ersten großen Erfolg. Er wird zum prominentesten Deutschrocker.

Dezember

Dezember: Die Sonne verschwindet.
Roald Engebreth Amundsen

Am 1. Dezember ist meteorologischer Winteranfang. Winterstimmung kommt jedoch noch nicht auf. Wer den lokalen Weihnachtsmarkt besuchen möchte, muss sich vor Regen schützen. Eine Ausnahme ist das Wetter auf der Zugspitze, wo es -5,8 Grad kalt ist und Schnee fällt. Der Dezember ist alles in allem mild und trocken.

*

Anfang Dezember 1972 kommt Licht in das Dunkel eines mysteriösen Falles. In der Nähe des Lehrter Bahnhofs in Berlin werden zwei Skelette gefunden, die aufgrund verschiedener Untersuchungen Hitlers Sekretär Martin Bormann und dem Leibarzt Ludwig Stumpf zugeordnet werden. Seit langer Zeit kursierte das Gerücht, dass Bormann, einst zweitmächtigster Mann im Nazi-Reich, noch lebt. Am 1. Mai 1945 flüchtete er vor den heranrückenden Russen aus dem Führerbunker. Rekonstruktionen ergeben, dass er am 2. Mai 1945 zwischen 1.00 Uhr und 3.00 Uhr durch

Giftbeibringung Selbstmord beging. An Bormanns Schädel werden im Gebiss noch Reste von Blausäureampullen entdeckt. Wäre Bormann von den Russen gefasst worden, hätte er nicht überlebt. Im Nürnberger Prozess wurde er in Abwesenheit angeklagt und am 1. Oktober 1946 zum Tode durch den Strang verurteilt. Dass es sich bei dem Fund am Lehrter Bahnhof tatsächlich um Bormanns Skelett handelte, wurde 1998 durch eine DNS-Analyse verifiziert.

*

Am frühen Morgen des 3. Dezember checken am Flughafen Los Rodeos auf Teneriffa 148 deutsche Touristen für den Spantax-Flug 275 ein. Großenteils sind es bayerische Omnibusunternehmer sowie deren Familienmitglieder. Ihr Zielflughafen ist München-Riem. Um 6.30 Uhr hebt die vierstrahlige Convair Coronado von der Startbahn ab. Aufgrund eines zu steilen Starts gerät die Maschine ins Trudeln. Der Chefpilot kann sie nicht mehr kontrollieren. Sie schlägt 250 Meter von der Startbahn entfernt auf und explodiert. Keiner der 148 Passagiere und der siebenköpfigen Besatzung überlebt die Katastrophe.

*

An der Universität Heidelberg rumort es mächtig. Der Sozialistische Studentenbund möchte am 6. Dezember ein Teach-in zum Thema „Innenpolitische Situation und Kampf gegen den braunen Bund Freiheit der Wissenschaft" veranstalten. Hierzu wird auch der Sozialpsychologie-Professor Peter Brückner eingeladen. Das baden-württembergische Kultusministerium möchte dessen Auftritt verhindern, da dieser 1970 Mitgliedern der Roten Armee Fraktion Unterschlupf gewährte und deshalb vom Dienst suspendiert wurde. Aus Protest gegen die Intervention des Kultusministers Wilhelm Hahn tritt der Universitätsrektor Rolf Rendtorff zurück. Hahn hält an seinem Verbot fest. Am Nikolaustag unterbindet er das Teach-in mit einem harten Polizei-Einsatz, an dem 1153 Ordnungskräfte teilnehmen. Als Reaktion darauf rufen die Studierenden einen Vorlesungsstreik aus.

*

Seit dem Ende des Zweiten Weltkriegs bekommt zum ersten Mal wieder ein deutscher Schriftsteller den Nobelpreis für Literatur verliehen. Die Juroren würdigen Heinrich Böll für die *Erneuerung deutscher Literatur.* Sie bezogen sich bei ihrer Begründung besonders auf sein Meisterwerk „Gruppenbild mit Dame", jenes außergewöhnliche Panorama der deutschen Vor- und Nachkriegsgeschichte. Als sich Böll für die Ehrung bedankt, erfuhr der folgende Satz besondere Beachtung: *Gestatten Sie mir bitte, die Tatsache, dass ich hier stehe, für nicht ganz so wahr zu halten, wenn ich zurückblicke auf den jungen Mann, der da nach langer Vertreibung in eine vertriebene Heimat zurückkehrte.*

*

Am Samstag, den 9. Dezember, von 16.45 Uhr bis 17.00 Uhr, wird zum letzten Mal im Ersten Programm der Beat-Club gesendet. Und zwar unter der Regie von Mike Leckebusch und unter der Moderation von Uschi Nerke. Es ist die 84. Sendung seit der Erstausstrahlung im September 1965.

Der von Radio Bremen produzierte Beat-Club war bei Beat- und Rockfans in West- und Ostdeutschland höchst beliebt. In den Shows sahen sie Bands wie The Beatles, The Rolling Stones oder Deep Purple und Stars wie Jimi Hendrix, Joe Cocker oder Santana. Am 13. Dezember startet in derselben Rundfunkanstalt die Nachfolgesendung „Musikladen".

*

Nach der Wiederwahl des US-Präsidenten Nixon gerät der Friedensprozess ins Stocken. Am 18. Dezember wird die Bombardierung Nordvietnams wieder aufgenommen. Bis zum 29. Dezember greift die US-Luftwaffe den Norden mit nie gekannter Intensität an.

*

Ich weiß nicht, was soll es bedeuten, dass ich so traurig bin; ein Märchen aus alten Zeiten, das kommt mir nicht aus dem Sinn. Diese erste Strophe des romantischen Gedichts stammt aus der Feder des jungen Heinrich Heine (1797-1856). Der berühmte Dichter, Schriftsteller und Journalist ist ein Sohn der nordrhein-westfälischen Landeshauptstadt Düsseldorf. Im Jahr seines 175jährigen Geburtsjubiläums stiftet seine Heimatstadt ihm zu Ehren einen Literaturpreis, den Heinrich-Heine-Preis. Er soll regelmäßig vergeben werden, und zwar immer am 13. Dezember, also an seinem Geburtstag. Auszuzeichnen ist eine *Person, die durch ihr geistiges Schaffen im Sinne der Grundrechte der Menschen, für die sich Heinrich Heine eingesetzt hat, den sozialen und politischen Fortschritt fördern, der Völkerverständigung dienen oder die Erkenntnis von der Zusammengehörigkeit aller*

Menschen verbreiten. Erster Heinrich-Heine-Preisträger ist der berühmte Dramatiker Carl Zuckmayer, der darüber hinaus auch als Autor von Volksstücken und satirischen Komödien bekannt ist. Den Heinrich-Heine-Preis erhält er für sein im amerikanischen Exil geschriebenes Drama „Des Teufels General". Das Stück ist eine Auseinandersetzung mit dem Anpasslertum und dem Widerstand im NS-Regime.

*

Am Jahresende pflegen viele Menschen eine persönliche Bilanz zu ziehen. Was lief gut? Was misslang? Was folgt daraus für das neue Jahr? Zwölf Tage vor Silvester sitzt Martin Walser in seinem Schreibzimmer am Bodensee. Er verfertigt ein lyrisches Produkt, das allerdings nichts mit einer traditionellen Jahresbilanz gemein hat. Dennoch überschreibt er es mit Bilanz:

1. Es hängt der Dezember vom Himmel
langsam eilt das Tagebuch
abwärts weisen die Zeiger
Stimmung ist gefragt.

2. Um einiges zuviel wird gefragt
noch mehr wird geantwortet, Äpfel
werden nebenbei gegessen, keiner
schaut zum Fenster hinaus.

3. Mir betet durch die Gedärme
der Verderb. Ich habe Grund
erworben und schaue hin und her.
Die Wolken ballen die Fäuste.

4. Ich verjage mich aus der Wärme
ich verberge mich im Licht
ich preise mich an bei den Würmern
ich liebe mich nicht.

5. Vom Ruhen müde
geil vor Verdruß
und auf dem Kopf
deine warme Mütze.

*

Am 21. Dezember unterzeichnen der Bundesminister Egon
Bahr und der DDR-Staatssekretär Michael Kohl den „Vertrag über die Grundlagen der Beziehungen zwischen der
Bundesrepublik Deutschland und der Deutschen Demokratischen Republik". Beide Vertragspartner bekennen sich
zur Unverletzlichkeit der Grenzen, zur Respektierung der
territorialen Integrität, zum Verzicht auf Gewalt und zur
Abrüstung. Weitere Vertragsinhalte sind die Bewältigung
von Problemen in der Familienzusammenführung, die Erleichterung von Reisen, die Verbesserung der Lieferung von
Geschenksendungen an Verwandte in der DDR und die
Erleichterung der journalistischen Arbeit. Beide Staaten
betonen den Willen, miteinander gutnachbarlich umzu-
gehen. Verglichen mit der Zeit des kalten Krieges herrscht
jetzt wirklich Tauwetter.

*

Zwei Tage vor Weihnachten treffen zwei totgeglaubte Uru-
guayer in den chilenischen Anden auf den Hirten Sergio

Catalan. Sie gehören zu den Passagieren einer Turboprop der uruguayischen Luftwaffe, die am 13. Oktober Spieler, Betreuer und Angehörige der Rubgy-Mannschaft des Old Christian's Club von Montevideo nach Santiago de Chile transportieren sollte. Orkanböen und heftige Schneeschauer ließen dem Flugzeug in den Hochanden keine Chance. Es stürzte ab. Suchflugzeuge stiegen auf, entdeckten jedoch keine Überlebenden. Weitere Rettungsbemühungen wurden aufgegeben. Entgegen aller Einschätzungen überlebten nicht wenige Passagiere, die sich selbst retten mussten, nachdem sie mittels eines noch funktionierenden Transistorradios vom Abbruch der Rettungsaktion erfahren hatten. Ein brutaler Überlebenskampf begann. Die Menge an Essbarem war bald aufgebraucht. Der Hungertod drohte. In dieser Extremsituation fiel die Entscheidung, sich von im Eis konservierten Leichen von zehn toten Kameraden zu ernähren. Die Tragödie war noch nicht zu Ende. Eine Lawine wälzte sich über das Flugzeugwrack und tötete acht weitere Havarierte im Schlaf. Um dem Tod zu entrinnen, entschloss man sich zu einer Rettungsexpedition. Drei noch relativ kräftige Teammitglieder begaben sich auf den Abstieg ins Tiefland, um Hilfe zu organisieren. Einer dieser Wagemutigen musste nach kurzer Zeit umkehren und die Teilnahme abbrechen. Die zwei anderen setzten den Abstieg unter strapaziösen Bedingungen fort. Das Wunder geschieht. Die Totgeglaubten betreten die Welt der Lebenden. Die chilenische Luftwaffe startet sofort eine Rettungsaktion. Es gelingt ihr, weitere 14 Überlebende zu finden und zu retten.

*

Die Weihnachtsmärkte erleben vor dem Fest nochmals einen starken Andrang. Die Kassen klingeln in den Kaufhäusern. Im Vergleich zum Vorjahr steigt der Umsatz um bis zu 20%. Der Schnee lässt auf sich warten. Viele Weihnachtstouristen zieht es in die Alpen. Auch die deutsch-deutschen Verträge wirken sich auf das Weihnachtsfest aus. Der Autoreiseverkehr in Richtung DDR nimmt spürbar zu. Die Interzonenzüge sind heillos überfüllt. Die DDR-Grenzer fertigen unkompliziert schnell ab. Die Entspannungspolitik befriedigt die Friedenssehnsucht der Deutschen.

*

Werner Herzogs Abenteuerfilm „Aguirre, der Zorn Gottes" mit Klaus Kinski in der Hauptrolle feiert am 29. Dezember Premiere. Obwohl er dem fiktionalen Genre angehört, enthält er historische Bezüge. Das Handlungsgeschehen ist im Peru des 16. Jahrhunderts angesiedelt. Eine Expedition unter Leitung von Gonzalo Pizarro begibt sich im Amazonasgebiet auf die Suche nach dem Goldland El Dorado. Der Konquistador schickt wegen Proviant-Problemen einen Voraustrupp los. Dessen Unterführer Aguirre initiierte bald danach eine Meuterei und übernimmt die Befehlsgewalt. Er möchte nicht mehr zum Haupttrupp zurückkehren, sondern den Weg zum Ziel selbst beschreiten. Mit Brutalität und vom Wahnsinn heimgesucht treibt er seine Gefolgsleute immer tiefer in den Dschungel. Niemand außer Aguirre überlebt das leidvolle Unternehmen. Am Schluss befindet sich der psychotische Aguirre auf einem Floß voller Leichen, das flussabwärts driftet, dem Verderben entgegen.

*

Rainer Werner Fassbinder hat das Theaterstück „Wildwechsel" von Franz Xaver Kroetz. verfilmt. Der Handlung liegt ein realer Fall zugrunde. Die frühreife 14jährige Hanni, gespielt von Eva Mattes, beginnt eine Beziehung mit dem fünf Jahre älteren Hilfsarbeiter Franz (Harry Baer). Hannis Eltern möchten diese Liaison partout nicht. Sie schalten die Justiz ein. Wegen Verführung Minderjähriger wird Franz zu einer kurzzeitigen Haftstrafe verurteilt. Nach der Entlassung wird die Beziehung heimlich fortgesetzt. Als Hanni schwanger wird, beschließen sie, den tyrannischen Vater zu ermorden. Hanni lockt ihn in einen Wald, wo er von Frank erschossen wird. Beide werden inhaftiert. Hanni gebiert dort ihr totes Kind. Vor Gericht meint sie zu ihrer Beziehung: „Es war keine wahre Liebe – es war nur etwas Körperliches." Franz bestätigt diese Einschätzung. Am 30. Dezember wird der Fernsehfilm uraufgeführt. Kroetz kritisiert den Film scharf und bezeichnet ihn als *Pornografie mit sozialkritischem Touch*. Er möchte verhindern, dass der Film auch in den Kinos gezeigt wird, was ihm allerdings nicht gelingt.

*

Die deutschen Arbeitnehmer müssen sich nicht vor dem Verlust ihres Arbeitsplatzes fürchten. Die Konjunktur brummt, und es herrscht Vollbeschäftigung. Die Arbeitslosenquote beträgt im Jahresdurchschnitt 1,1%. Die Nachfrage nach Arbeitskräften übersteigt das Arbeitskräfteangebot deutlich. Mehr als eine halbe Million Stellen bleiben unbesetzt. Wären da nicht die 2,3 Millionen Gastarbeiter, könnte die Wirtschaft nicht so erfreulich wachsen wie momentan. Dass es dennoch eine Bodensatzarbeitslosigkeit gibt, ist nicht konjunkturbedingt. Die wenigen Menschen ohne Job stehen entweder kurz vor dem Ruhestand oder sind aufgrund persönlicher Ursachen nur schwer vermittelbar.

*

Im Jahr 1972, so die Statistiker, beträgt das monatliche Bruttoeinkommen 964 DM. Die durchschnittlichen Preise lauten für folgende Waren: 1 kg Butter 8,16 DM, 1 Laib Brot 1,55 DM, 1 Liter Milch 1,09 DM, 1 Liter Bier 1,48 DM, 1 Kg Kartoffeln 74 Pfennig, 2 Eier 60 Pfennig. Beim Tanken bezahlt man pro Liter Super 68 Pfenning und pro Liter Diesel 63 Pfenning. Möglicherweise fallen diese Preise künftig, denn vor ein paar Monaten wurde in Bayern die erste Selbstbedienungstankstelle Deutschlands eröffnet. Die einzusparenden Personalkosten könnten dem Kunden zugutekommen.

*

Noch ein paar weitere jahresstatistische Blicke zurück:
Zu verzeichnen sind 901657 Geburten und 965689 Sterbefälle. Beliebte Vornamen sind bei den Mädchen Nicole und Claudia, bei den Jungen Michael und Stefan.
Die Standesämter melden 415000 Eheschließungen und 87000 Ehescheidungen. Letztere haben im Vergleich zum Vorjahr um 7,4% zugenommen.
Die Anzahl der registrierten Straftaten beträgt für das Gebiet der Bundesrepublik Deutschland einschließlich Westberlins 2 572 530. Das ist im Vergleich zu 1971 eine Zunahme um 5,4%.

*

Der Schriftsteller und Insektenforscher Ernst Jünger nimmt sein Tagebuch zur Hand und fertigt den letzten Eintrag im Jahr 1972: *Geschichte. Wie sie schon zu Lebzeiten verschwimmt. Man hat zusammengesessen und Karten gespielt, hatte Asse und Könige, Buben und Damen, Herzen und Kreuze, Trümpfe und Nieten in der Hand. Nun sieht man die Rückseite. Da ist das gleiche Muster, ist der Raster, sind keine Namen und Bilder mehr. Dazu noch die Ernüchterung der großen Wende; der erste Rang wurde suspekt, und mit ihm der Ruhm. Die Zeit hat wenig mehr zu bieten; das Zeitlose rückt näher – jetzt kann man in sich gehen.*

Literatur

Brandt, Willy: Erinnerungen. Zürich 1989.

Glaser, Hermann: Kulturgeschichte der Bundesrepublik Deutschland. Zwischen Protest und Anpassung 1968 – 1969. München 1989.

https://www.was-war-wann.de/1900/1970/1972.html

https://chroniknet.de/extra/zeitgeschichte/das-jahr-1972

https://www.hdg.de/lemo/jahreschronik/1972

Jünger, Ernst: Siebzig verweht II. Stuttgart 1981.

Kästner, Erich: Dieses Na ja!, wenn man das nicht hätte! Ausgewählte Briefe von 1909 bis 1972. Herausgegeben von Sven Hanuschek. Zürich 2003.

Meyers Jahreslexikon 1971/72. Was war wichtig? 1.7.1971 – 30.6.1972. Mannheim 1972.

Meyers Jahreslexikon 1972/73. Was war wichtig? 1.7.1972 – 30.6.1973. Mannheim 1973.

Müller, Siegfried/Reinbold, Michael (Hrsg.): Demo, Derrick, Discofieber. Die siebziger Jahre in der Bundesrepublik. Petersberg 2015.

Rühmkorf, Peter: Tabu II. Tagebücher 1971-1972. Reinbek bei Hamburg 2004.

Schiller, Kay/Young, Christopher: München 1972. Olympische Spiele im Zeichen des modernen Deutschlands. Göttingen 2012.

Schütt, Ernst Christian/Vollmer-Heitmann, Hanna: Chronik 1972. Tag für Tag in Wort und Bild. Dortmund 1991.

Stein, Werner: Der neue Kulturfahrplan. Die wichtigsten Daten der Weltgeschichte. München 2004.

Walser, Martin: Leben und Schreiben. Tagebücher 1963-1973. Reinbek bei Hamburg 2009.

Wildberg, Roland Axen: Wir vom Jahrgang 1972. Kindheit und Jugend. Gudensberg 2012 (5. Aufl.).